L 29
20.

L 20b.
B 12.

VOYAGE
DE PARIS
A
NEUFCHATEL EN SUISSE,
FAIT DANS L'AUTOMNE DE 1812.

Je déclare contrefait tout exemplaire qui ne sera pas revêtu de ma signature.

DE L'IMPRIMERIE DE L. P. DUBRAY,
RUE VENTADOUR, N.° 5.

VOYAGE
DE PARIS
A
NEUFCHATEL EN SUISSE,

FAIT DANS L'AUTOMNE DE 1812,

Par G. B. Depping,

Membre de la Société Philotechnique de Paris, et
correspondant de l'Académie royale de Munich.

PARIS,
LIBRAIRIE D'ÉDUCATION ET DE JURISPRUDENCE
D'ALEXIS EYMERY,
rue Mazarine, n.° 30, près l'Institut.
1813.

Reliure serrée

AVANT-PROPOS.

Le célèbre Franklin s'informait toujours des nouvelles relations de voyages qui paraissaient, et il les lisait avec avidité. Il pensait, sans doute, que le grand nombre de voyages est plutôt utile que nuisible. En effet, dix personnes peuvent présenter, chacune d'une autre manière, ce qui s'est offert à leur vue. L'objet qui échappe à l'un, est remarqué par un autre : les observations des voyageurs ont souvent remédié à des abus, ou appelé l'attention des hommes éclairés sur des choses injustement dédaignées par le vulgaire. Quant à la relation que j'offre aux public, si elle est très-courte, c'est qu'en faisant un voyage d'agrément, je n'ai pas cru devoir m'occuper sans cesse à faire des questions et des notes : très-souvent je me suis livré aux sensations que faisaient naître les objets d'alentour. Je n'ai pas négligé, cependant, de faire des observations utiles, lorsque l'occasion s'en présentait. Je les donne telles que je les ai recueillies sur les lieux. Peut-être feront-elles mieux connaître des contrées voisines de nous, et intéressantes sous plusieurs rapports. Je n'ai pas ignoré ce qu'a dit Rivarol : On ferait souvent un bon livre de tout ce que n'a pas dit l'auteur dans celui qu'il vient de publier ; mais je me suis souvenu aussi de ce mot d'un nabab indien qui venait d'entendre un discours très-prolixe d'un ambassadeur européen : La vie est courte, et ta harangue est bien longue !

VOYAGE
DE
PARIS A NEUFCHATEL.

CHAPITRE PREMIER.

TROYES.

La route de Paris à Troyes est assez uniforme, et n'offre presque d'autre vue que celle des environs de Paris; c'est-à-dire de grandes plaines cultivées, sans beaucoup d'arbres, et inclinées vers la rivière. Dans le département de la Seine cette vue est un peu variée par les châteaux que l'on remarque de toutes parts. Mais après Gros-Bois, où de belles avenues coupent un parc très-vaste, les maisons de plaisance deviennent plus rares. Brie-Comte-Robert est la première ville que l'on traverse dans le département de Seine-et-Marne. Guignes, Nangis et Provins viennent ensuite. Aucun grand souvenir historique ne s'attache à ces lieux, et dans la statistique de la France ils n'occupent qu'une place peu importante. Si je voulais donc en parler, je ne pourrais que répéter ce qu'on trouve à ce sujet dans tous les livres de géographie.

Je m'étais muni de deux ouvrages presque indispensables : le *Guide des voyageurs en France*, par M. Reichard, et *l'Itinéraire de l'Empire français*. Le premier est un petit volume in-8.º qui renferme les indications principales sur les objets qui intéressent, en voyage, toutes les classes ; ces notes sont précises et ne contiennent rien d'inutile ; mais comme ce livre a été fait en Allemagne, il y a plusieurs erreurs. L'*Itinéraire de l'Empire français*, eu trois volumes, est plus exact et beaucoup plus détaillé, mais d'une sécheresse insupportable. L'auteur s'est attaché à joindre ou accoler les noms de tous les lieux situés à droite et à gauche de la route, sans se donner la peine d'arranger des phrases. Cette manière a sans doute son utilité, mais elle n'est sûrement pas amusante; en effet, comment peut-on se servir toujours d'un livre dont tous les trois volumes sont écrits comme l'échantillon que je vais transcrire?

« On sort de Proyins par la porte de Troyes; pont et rivière de Vouzie à passer. On est entre cette rivière et la montagne : pont, pente rapide et quarante-quatrième borne; à gauche Fontenay ou Saint-Brice; plus loin Richebourg, à droite vallon direct à Chalautre la petite, quarante-cinquième borne. A Sordun, vallon et pont; à droite le Petit-Paraciet : quarante-sixième borne, pente rapide; à gauche carrières de grès : pont et vallon, pente, etc. »

Entré dans le département de l'Aube, on remarque plus de variété dans le paysage, et les noms des lieux qui se succèdent, rappellent presque tous des faits historiques. C'est d'abord la petite ville de Nogent-sur-Seine. Elle a un petit port, une église d'une assez belle apparence, une sorte de boulevart et quelques fabriques. Vient ensuite le château de la Chapelle, avec un grand étang et de jolies plantations. L'œil cherche en vain le monastère qui touchait à cette propriété, et dans lequel reposaient les restes des infortunés amans Abeilard et Héloïse. Le *Paraclet*, c'est à-dire le lieu de consolation, qui pourtant ne consola ni Abeillard, ni son amante, a disparu, et le tombeau de ce couple illustre n'est plus qu'un objet de curiosité dans un musée de Paris. Après six-cent-soixante ans d'existence l'abbaye a été démolie pendant la révolution, et ce lieu est presque aussi désert que lorsque l'amant d'Héloïse y fonda un oratoire pour se soustraire aux persécutions de ses ennemis; mais au lieu des marais et des arbres sauvages qu'il y trouva, on y voit aujourd'hui des champs bien cultivés et des bois agréables. On croit lire la vie des anciens philosophes, quand on parcourt l'histoire de la fondation du Paraclet. Abeilard arrive avec un seul clerc dans cette triste contrée, et s'y construit une habitation où il espère se livrer sans distraction à l'étude. Peut-être se trompait il lui même : du moins il aurait pu mener la vie la plus douce dans cette retraite solitaire, s'il avait su imposer silence à son désir impétueux de faire du bruit dans le monde.

Il paraît qu'il fut très-flatté de voir arriver au Paraclet une foule de disciples qui consentirent à mener la vie la plus austère, pourvu qu'ils pussent la passer à écouter leur maître. Son érudition et son éloquence leur faisaient préférer les cabanes et les herbes du Paraclet au luxe des grandes villes, et jamais philosophe grec ne reçut des témoignages plus flatteurs de l'attachement de ses disciples, qu'Abeilard en reçut au Paraclet. Il n'aurait pas fallu avoir des faiblesses humaines pour n'être pas orgueilleux d'un triomphe aussi beau, mais bien propre à ranimer la fureur de ses ennemis. Deux professeurs irrités de voir leurs écoles abandonnées pour le Paraclet, lui suscitèrent une nouvelle persécution, lorsqu'Abeilard fut nommé abbé du couvent de Ruiz St-Gildas, en Bretagne. Le premier oratoire en bois étant trop petit pour contenir tous ceux qui demandaient à être reçus au Paraclet, on avait bâti un monastère. Cet édifice fut dans la suite cédé, comme on sait, à Héloïse qui s'y établit avec quelques religieuses : elles vécurent d'abord dans la plus grande pauvreté, et n'avaient pour subsister que les bienfaits d'Abeilard. Mais quand une fois cet établissement pieux eut acquis une sorte de vogue, les donations abondèrent, et le pape se fit un plaisir de prendre sous sa protection l'institution de deux amans. Législateur de cette communauté, Abeilard modifia, par amour pour Héloïse sans doute, la règle de St-Benoît, et adoucit ce que cette institution avait d'austère.

Un habitant du pays m'a décrit le Paraclet tel qu'il était avant la révolution, sous la dernière abbesse, Charlotte de Roucy, qui gouvernait sa communauté avec beaucoup de sagesse. Les religieuses jouissaient de tous les agrémens qui pouvaient se concilier avec la vie monacale. La plus grande propreté régnait dans le monastère; les meubles et les parquets des cellules étaient d'un bois commun, mais ciré. Les religieuses étaient encore vêtues comme Héloïse; elles avaient environ six heures de prières par jour. Le couvent possédait 3o,ooo livres de rente. On conservait par vénération la vieille église avec l'autel rustique devant lequel l'infortunée Héloïse, séparée de son mari et de son fils, offrait tous les jours son cœur en sacrifice à l'Éternel. Dans le jardin de l'abbaye on montrait auprès du ruisseau d'Arduçon, une petite maison délabrée qui avait servi de logement au *maître*: c'est ainsi que les religieuses désignaient Abeilard; mais l'usage auquel on avait destiné cette masure respectable, désenchan-

…it le voyageur qui la visitait : on y …isait la lessive du couvent. La bibliothèque renfermait quelques livres de piété écrits à la main, et grossièrement reliés, qui avaient appartenu à Héloïse et Abeilard, et dans presque toutes les chambres on voyait les portraits des deux amans entre les crucifix et les images des saints. Combien de fois tous ces objets ont-ils dû troubler la piété des religieuses, par le souvenir des aventures romanesques du couple infortuné ! En 1779, on exhuma leurs restes pour les déposer dans la nouvelle église ; on découvrit alors leurs ossemens : en les examinant on remarqua que leurs crânes étaient d'une épaisseur extraordinaire, et par une fantaisie contraire au respect que l'on doit aux restes humains, le gouverneur du jeune M. de la Chapelle, seigneur de la terre voisine, arracha une dent à Héloïse et la fit monter en bague.

Mais quittons le Paraclet; déjà une scène d'événemens plus importans s'ouvre devant nous. A Ponts, situé à deux lieues de Nogent, le paysage justifie le nom de Champagne ou *Campania* qu'on a donné à cette contrée. C'est en effet une immense campagne que la Seine arrose dans ses nombreux contours. On la voit venir de très-loin, comme un filet blanc qui passe sur un grand tapis vert. Le château de Ponts, appartenant à Madame Mère, est situé dans un fond, et sur la route on n'en voit que le faite; mais ce château et le village qui y touche ont une vue magnifique sur les plaines traversées par la rivière. Ce lieu est fort ancien; il tire son nom des ponts que les Romains y avaient construits sur la Seine. On présume qu'Attila avec la grande armée des Huns y passa la rivière pour se porter au centre des Gaules, et plusieurs auteurs, entr'autres Grosley et Deguignes, soutiennent que c'est dans ces plaines, et non dans celle de Châlons, que le même prince, après avoir été repoussé d'Orléans, essuya cette défaite sanglante qui, selon le rapport des historiens, coûta cent-vingt-mille hommes aux Huns, et plus de quarante-mille à leurs vainqueurs, les Romains et les Goths, et qui préserva la France d'être subjuguée par un peuple venu des frontières de la Chine. La dissertation de Grosley à la main, je cherchai toutes les localités qui pussent convenir à un champ de bataille. Grégoire de Tours, Idace, et les auteurs des actes de saint Anien, disent que le carnage eut lieu dans la campagne de Mauriacum. Or, Mauriacum est l'ancien nom de Méry-sur-Seine, à 6 lieues de Troyes. On y voit en effet une vaste plaine, propre aux grandes évolutions militaires. Attila campa dans l'endroit appelé alors Brolium, aujourd'hui St-Memin. L'alarme s'était déjà répandue à Troyes: On craignit qu'Attila ne ravageât cette ville comme il avait ravagé Auxerre. Saint Loup, évêque de Troyes, envoya au-devant du féroce Mongole un diacre et sept clercs, pour fléchir sa colère. La singularité du cortége, la croix, les vêtemens sacerdotaux, les évangiles ouverts, les encensoirs, tout frappait Attila d'étonnement; mais un cheval s'étant cabré à l'aspect des ornemens brillans des prêtres, renversa et tua son cavalier. Les Huns attribuant cet accident à la magie, tombèrent avec fureur sur les députés et les massacrèrent. On fait encore des dévotions à l'endroit où fut commis ce meurtre. Actius, général Romain; Théodoric, roi des Visigoths; Thorismond, son fils; Merovée, roi des

Francs; Sangiban, roi des Alains et
d'autres princes arrivèrent bientôt,
suivis de leurs armées nombreuses,
et se disposèrent à livrer une bataille
générale au roi des Huns. On croit
qu'Attila rangea son armée entre
St-Memin et les hauteurs d'Eche-
mines, et qu'Actius était campé à
Châtres, en latin *castrum*, mot qui
dérive peut-être de cette circonstance.
On retrouve la colline que les deux
armées à la fois voulurent occuper,
dans la hauteur de St-Georges, et le
ruisseau qui fut teint du sang des
blessés, peut être celui de Fontaines,
qui vient de cette colline et se jette
dans la Seine.

Cette incertitude, au sujet d'une
bataille qui coûta la vie à cent-
soixante mille hommes et où les nations de la Suède, de la Mongolie,
de l'Allemagne, de l'Italie et d'autres
climats, mêlèrent leurs tombeaux,

nous donne une triste idée de l'état des lettres dans la Gaule. On ignore aujourd'hui le lieu d'un événement d'une si haute importance, tandis que les plus petits combats des peuplades de la Grèce nous sont connus jusqu'aux moindres détails.

Après la défaite horrible des Huns Attila voulant sauver au moins les débris de son armée, acheta sa retraite pour 10,000 sols d'or, et se porta sur Troyes pour se diriger de là vers le Rhin. Saint-Loup fit de nouveaux efforts pour sauver la ville du pillage et de la destruction. Attila entra en négociation avec lui; Troyes lui paya sans doute une partie de la somme qu'il devait à son vainqueur Aëtius, et il emmena l'évêque, comme otage, jusqu'au Rhin. Le passage d'Attila par Troyes, semble encore prouver la proximité du champ de bataille. Si ce chef de barbares avait été défait à

Châlons, il ne se serait pas probablement porté sur Troyes qui l'écartait du chemin du Rhin.

Les champs, derrière Ponts, sont parsemés de pierres rougeâtres qui sortent du sol. Peut-être fut-ce avec quelques unes de ces pierres qu'Attila fit, avant la bataille, l'autel de sacrifices dont parlent les historiens.

Ce qui forme maintenant le département de l'Aube, était anciennement le pays des *Tricasses*, peuples gaulois dont le nom dérive, selon quelques étymologistes trop érudits, du mot latin *casses*, filet, panneau. *Tricasses*, signifie, d'après leur opinion, peuple rusé; et il ne faut pas prendre, dit Grosley, ce mot dans le sens passif, en considérant les Tricasses comme des peuples qui donnent aisément dans le panneau. Leur histoire prouve que de tout temps ils ont assez bien connu leurs intérêts; et pendant quelque temps leurs descendans sont allé de pair avec les marchands bataves, ce qui est beaucoup dire.

Troyes n'était anciennement qu'une petite ville, et quoique son nom rappelle la résidence de Priam et le théâtre de l'Iliade, elle n'a rien de commun avec cette ville illustre, ayant été presque entièrement inconnue aux anciens; elle ne s'est élevée au rang des villes célèbres qu'après le moyen âge. Le mot Troyes n'est qu'une corruption d'un nom latin, tel que *træce* ou peut-être *tractus*. On sait que les Gaulois prononçaient *oi* l'*e*, l'*i* et l'*a* des latins. De *hœres* ils faisaient hoir, de *Ligeris* Loire, de *directus* droit, etc.

La diligence emploie à-peu-près vingt deux heures pour se rendre de Paris à cette ville; nous y entrâmes par le faubourg St-Savines, qui est très-considérable, mais mal bâti. En entrant dans la ville on est frappé de sa physionomie particulière. Il y a peu de villes dont les maisons se ressemblent autant entre elles que celles de Troyes ; c'est dans toute la ville le même style. Des maisons bourgeoises, hautes et étroites, accolées les unes aux autres, et construites de bois de charpente dont les interstices sont remplies de pierre ou de plâtre. Le toit se termine en pointe, et sur le devant une saillie en forme d'ogive en joint les deux bouts ; le rez-de-chaussée est élevé de quelques marches, et un petit escalier conduit de la rue dans des caves profondes de huit à dix pieds. On voit des maisons semblables dans le quartier de la Cité à Paris, et dans d'autres villes de l'ancienne France ; c'était la manière de bâtir de la bourgeoisie commerçante, dans les quinzième et seizième siècles. Lorsqu'en traversant les rues de

Troyes, on entend le bruit des métiers à tisser, depuis les caves jusqu'aux plus hauts étages, on serait tenté de prendre la ville pour un grand atelier dont les ouvriers sont répartis dans des demeures d'une égale structure et convenables à leur état. Les boutiques sont généralement petites et tristes ; on voit qu'elles ont été faites dans un temps où les marchands se piquaient plus de fournir de bonnes marchandises et d'avoir un bon renom, que d'étaler avec élégance.

Troyes a joué autrefois un grand rôle parmi les places de commerce, et on ne voit pas sans regret son ancien état florissant réduit aux branches peu lucratives dont elle s'occupe aujourd'hui. Les comtes de Champagne, en choisissant Troyes pour leur résidence, y avaient attiré les arts et l'industrie. Il s'y établit des manufactures qui furent bientôt en relation avec les places de mer, sur-tout avec celles de la Flandre. A l'exemple des Pays-Bas, Troyes se livra aux spéculations mercantiles ; située sur la route que prenaient les marchandises du levant, lorsque débarquées sur les côtes méridionales de la France, elles étaient expédiées de là pour le nord de l'Europe, elle devint un entrepôt pour les épiceries, les teintureries et autres marchandises, et il s'y fit même des affaires de change considérables : avantages qu'elle partageait avec les villes voisines, telles que Provins et Châlons. Elle fit aussi un grand commerce de transit avec les Pays-Bas, l'Allemagne, les républiques italiennes, la Catalogne et l'Arragon. Parmi les présens que Jacques, roi d'Arragon, fit au Soudan d'Egypte, se trouvaient des draps verts et bleus de Châlons. Dans d'autres actes de commerce catalans, rapportés par Capmany, il est question de draps de Reims. La ville de Troyes avait des dépôts de cette draperie champenoise. De grandes halles élevées derrière la boucherie, servaient de magasin de draps aux villes de Douai et de Provins. Les Lombards même sollicitèrent, à la fin du quatorzième siècle, la permission d'y établir des dépôts de marchandises. Dans les foires qui attiraient les marchands de tous les pays voisins de la France, il se faisait de grandes affaires de change ; et pendant les dix premiers jours, la vente et l'achat des marchandises étaient exempts de toutes les impositions quelconques.

Les guerres intestines de la France et la découverte du Cap de Bonne-Espérance, portèrent un coup irrémédiable à cette ville florissante. Ce furent les peuples maritimes qui attirèrent tout le commerce du levant. L'affluence des marchands étrangers diminua considérablement, et la source des grandes richesses se détourna pour jamais de Troyes; cependant elle conserva encore la considération dont elle avait joui auparavant en Europe. En 1568, le prince Casimir, duc de Pologne, ne demanda au roi de France, Charles, d'autre garantie pour le paiement des troupes qu'il lui avait fournies, que celle de la ville de Troyes.

D'ailleurs, n'ayant plus d'épices à vendre, les Troyens eurent le bon esprit de faire des almanachs et des contes bleus, et cette nouvelle branche d'industrie ne laissa pas de rapporter des sommes considérables. Troyes fut une des trois ou quatre villes d'Europe qui répandirent par milliers ces contes populaires recueillis il n'y a pas long-temps dans la Bibliothèque des Romans, et qui sont un vrai phénomène dans la littérature. En effet, aucune espèce de livres n'a eu, dans le monde, le succès de ces contes qui font les délices de toutes les nations civilisées. Un auteur allemand évalue le nombre des lecteurs de ces livres, dans chaque génération, à soixante millions. Or, quand on songe qu'ils circulent en Europe depuis dix siècles, et qu'ils ont toujours été dévorés avec la même avidité, on conviendra que les autres livres n'ont jamais pu se vanter d'un succès semblable. Pour un homme qui lit Homère, le Tasse ou Racine, il est plusieurs centaines d'hommes qui lisent et relisent les quatre fils Aymon, la belle Mélusine, l'histoire de Geneviève de Brabant. Or, puisque le goût pour ces contes ne se dément chez aucun peuple, chez aucune génération, il faut bien, dit cet auteur allemand, qu'ils aient des qualités propres à les recommander partout, et un mérite intrinsèque qui les fasse passer à travers les siècles et les rafinemens du goût. Avant l'invention de l'imprimerie, ces contes se transmettaient de bouche en bouche; mais dès qu'on eut trouvé un moyen de leur donner une existence durable, les presses purent à peine suffire pour en tirer des copies. La ville de Troyes en pourvut la France, tandis que Cologne et Nuremberg en inondaient l'Allemagne, et le peuple s'accoutuma tellement à voir ses contes chéris sortir des presses de Troyes, qu'on n'a pas encore cessé, aujourd'hui, de mettre sur le titre, à Troyes, chez la veuve Garnier, quoiqu'on les imprime partout. La papeterie se releva par cette nouvelle branche d'industrie. A la fin du quinzième siècle, le corps des papetiers était très-considéré dans cette ville, comme on le voit par un poëme sur l'entrée solennelle de Charles VIII à Troyes en 1486. Les principales corporations reçurent le roi en habit de galla.

Aussi y feurent de Troyes les papetiers,
En très grant pompe, habillez de migraine
Et bien montez sur beaux puissans destriers,
De bardure couverts très belle et saine;
Pour y venir, laissèrent courir Seine,
Levèrent vannes, delaissant leurs molins;
Ung chascun d'eulx grant joie si demaine,
Tous y avaient beaux pourpoins de satin.

Ce passage prouve qu'on faisait alors, à Troyes, beaucoup de papiers et de très-mauvais vers. La bibliothèque bleue, partagée ensuite entre tous les imprimeurs de France, ne put enrichir Troyes. La ville fut prise par les Anglais, et reprise par Charles VII; sous François I.er elle devint place de guerre. Dans la suite elle embrassa le parti de la Ligue. Toutes ces circonstances ne furent pas propres à relever son commerce; cependant l'industrie des habitans survécut à leurs infortunes, elle continua d'entretenir des manufactures, et encore aujourd'hui les deux tiers de la population de Troyes vivent de la fabrication des bas, des bonnets, des futaines, des molletons et des cuirs. Avant la révolution elle avait de grandes blanchisseries, et exportait beaucoup de toiles; mais la réunion de la Flandre avec la France a produit une concurrence fâcheuse pour cette ville. L'industrie y est donc à-peu-près réduite à la tisseranderie en laine et à la tannerie des cuirs. On peut y ajouter la charcuterie dans laquelle cette ville se distingue, et le blanc de Troyes qui surpasse celui qu'on tire d'autres endroits. Ce sont les vinaigriers qui l'apprêtent par des procédés simples, mais assez longs, décrits dans l'Almanach de Troyes, 1759, et dans les

Mémoires de l'académie des sciences, 1754. Ils prennent à cet effet des moellons de la belle craie de Villeloup, village situé à quatre lieues de Troyes. Quand ces moellons ont été réduits en poudre et parfaitement séchés, on mêle la poudre avec de l'eau, on en fait une bouillie, et on la broie dans un moulin à moutarde; la pâte étant bien triturée, on la jette dans des tonneaux. Ce qui surnage est employé à tremper de la nouvelle poudre, et on prend la pâte du fond pour l'étendre sur un treillis posé sur la craie brute; celle-ci en absorbe toute l'humidité. De cette manière, la pâte acquiert de la consistance sans gercer; on peut la couper ensuite en carrés et la soumettre à la dernière dessication. Si l'on veut avoir du blanc très-fin, on le passe plusieurs fois au moulin; mais le blanc commun, même, ne renferme presque point de grains ou de corps étrangers; et c'est ce qui donne au blanc de Troyes l'avantage sur d'autres blancs.

La classe ouvrière excite la pitié, étant fréquemment attaquée de maladies scrophuleuses qui, malheureusement, se propagent de père en fils : c'est sur-tout dans le *quartier bas* (la plus ancienne partie de la ville) et dans les faubourgs qu'on peut faire cette remarque; on y aperçoit beaucoup de visages blêmes et maladifs. Un médecin de la ville m'a dit qu'il guérissait les enfans, en les soumettant, dans une campagne bien ouverte, à un régime anti-scrophuleux très-sévère ; mais que les enfans créés ensuite par les personnes guéries, étaient affectés des mêmes maladies. Deux causes principales produisent ce triste effet : l'humidité des caves, et les exhalaisons des canaux. On sait que divers tissus ont besoin d'être faits dans un local humide; on travaille donc dans les caves, et ce séjour, dont rien n'égale la tristesse, exerce une influence dangereuse sur la santé, sur-tout lorsque la nourriture ne suffit pas pour soutenir le corps contre les fatigues du travail. Les sciences physiques rendraient un service éminent à l'humanité, si elles découvraient un moyen de donner aux trames des tissus, la souplesse qu'on est obligé d'attendre de l'humidité des caves. Elles ont fait des découvertes plus surprenantes; pourquoi ne s'occuperaient-elles donc pas d'un objet qui adoucirait le sort d'une classe nombreuse ? Si nous n'étions pas si légers, nous ne mettrions pas du linge sans compâtir avec les malheureux qui l'ont tissé dans de sombres réduits, souvent pires que les prisons. Une autre cause des maladies scrophuleuses à Troyes, c'est l'exhalaison des eaux. Cette ville est traversée par plusieurs canaux de la Seine, très-étroits, qui n'ont point d'air, et sur les bords desquels sont bâties des maisons et des lavoirs. Les ouvriers qui ont besoin d'eau, tels que les teinturiers, les tanneurs et les cardeurs de laine, occupent des maisons derrière lesquelles passe un canal; tous les déchets et toutes les immondices s'accumulent dans ces cloaques infects. On ne peut passer sur les petits ponts qu'on rencontre de distance en distance, sans avoir le cœur soulevé à la vue de ces égouts qui sont presque couverts par les maisons de bois qui les bordent. Ainsi pour extirper les maux héréditaires des ouvriers, il faudrait supprimer les canaux, faire travailler le peuple dans des endroits bien aérés, et l'accoutumer à des alimens sains et nourrissans. Sans ces remèdes, on verra toujours dans cette ville le spectacle hideux d'un peuple languissant et succombant à la maladie qui mine sa constitution.

On observe encore que le bois et le plâtre, dont se construisent les maisons de Troyes, deviennent en été le repaire d'insectes incommodes qui ajoutent un fléau à celui dont le peuple est accablé.

Ce qui favorise beaucoup, à Troyes, la fabrication des étoffes, c'est que les eaux y sont très-propres à dégraisser les laines et à s'imbiber dans les couleurs.

Quant au caractère des Troyens, un de leurs compatriotes, M. Grosley, le peint de la manière suivante. Le vrai Troyen est franc, peu souple, arrêté dans ses sentimens, opiniâtre dans ses desseins et dans ses goûts. Son esprit, plus ingénu que délié, moins brillant que solide, est capable de tout ce qui demande une certaine application ; naïf, aisé, sans apprêt dans le commerce de la société, il aime la plaisanterie, la raillerie et les plaisirs bruyans. Son œil, souvent ouvert sur les défauts et sur les ridicules des autres, ne s'offense que de la fatuité. Plein de mépris pour les complimens, qui sont à ses yeux l'affiche de la fausseté; détestant également la bassesse et la fierté, il souffre la gêne avec impatience; il est aussi peu fait pour la servitude que pour la galanterie et la fleurette. Ami obligeant, ennemi peu dangereux, il va de soi-même au-devant de la réconciliation. Econome, attentif à ses intérêts, il sait allier le faste même avec l'économie. Capable de travaux, de soins, d'attentions, de détails, il redoute le travail continu ; il en est éloigné par une certaine mollesse d'ame qui le ramène au travail par l'ennui. En général, il est moins propre à acquérir qu'à conserver.

Attaché à son pays, à sa ville, à ses foyers, il se livre aux étrangers, dont il est dupe quelquefois. L'ambition, l'intérêt, des vues de fortune (et cela n'arrive pas communément), l'ont-ils dépouillé de son caractère? il devient laborieux, actif, infatigable; il sait flatter, insinuer, s'impatroniser: on le prendrait pour un Gascon, s'il n'ouvrait jamais la bouche. Au reste, il est très-rare qu'un Troyen ait quitté son pays avec le ferme propos de parvenir, et qu'il ne soit pas parvenu. Un des plus grands défauts, un des désavantages les plus réels de ce caractère, c'est que, par la force de ce même caractère, un Troyen qui a le malheur d'être sot, l'est plus qu'un autre, et il l'est à perpétuité.

Il faudrait avoir vécu plusieurs années avec ce peuple, pour savoir si ce portrait est bien fidelle. Quant à moi, qui n'ai passé à Troyes que quelques jours, je n'ai pas trouvé beaucoup de différence entre les Troyens et les Parisiens.

Les Troyens ont toujours montré beaucoup de dispositions pour les arts et pour les lettres. Ils n'ont même pas attendu les magnifiques encouragemens de Louis XIV, pour orner leur ville de chefs-d'œuvre d'architecture, de peinture et de sculpture, et ils ne s'exposent pas au ridicule en parlant de l'existence d'une *école troyenne* avant ce monarque. Le Gentil et Dominique ont fait, dans cette ville, des élèves dont on admire les ouvrages. La révolution en a malheureusement détruit une partie; cependant, ce qui en reste suffit encore pour mériter à Troyes un rang distingué parmi les villes embellies par les arts. Les édifices particuliers y sont peu remarquables; mais presque tous les édifices publics sont dignes d'éloges, soit par leur construction, soit par les objets qu'ils renferment.

L'architecture de toutes les églises, est dans le style appelé gothique. On sait que les constructions de ce genre sont devenues rares depuis la révolution, qui en a anéanti la moitié. Il serait difficile d'en trouver rassemblées davantage dans une ville de la grandeur de Troyes. Cependant cette ville a éprouvé aussi des pertes considérables à cet égard. Troyes renfermait avant la révolution dix-sept paroisses, trois abbayes, une cathédrale et deux collégiales, sans compter les prieurés et d'autres communautés religieuses. Il n'en reste que cinq ou six églises. Elles sont toutes bien conservées, à l'exception des portails que la fureur révolutionnaire semble n'avoir épargnés nulle part. Trois ou quatre de ces églises ont encore de beaux vitraux. Pour les conserver, on prend à Troyes une précaution que l'on aurait dû imiter depuis long-temps : c'est de les couvrir en dehors d'une espèce de natte. Grâce à ce soin, on peut encore admirer les vitraux qui ornent le chœur de la cathédrale. J'ai vu ceux de la cathédrale de Reims et d'autres grandes églises; ce sont en général des peintures grossières, bonnes à être vues de loin. Ici c'est un autre genre; ce sont les croisées des chapelles qu'on a ornées de vitraux peints. Destinées à être vues de près, elles offrent une réunion de petits tableaux charmans et variés à l'infini. Chaque croisée en renferme six à huit : les uns d'une forme ovale ou circulaire, les autres carrés; des arabesques et d'autres ornemens d'un très bon goût les entourent et augmentent les nuances de couleurs prodiguées dans ces tableaux. L'architecture de la nef est d'une grande hardiesse et légéreté, comme la plupart des grands édifices gothiques. Quelque respect que j'aie pour les opinions de l'illustre Montesquieu, j'ose n'être pas de son avis sur ces constructions. Dans son excellent Essai sur le goût, il dit : « L'architecture gothique paraît très-variée; mais la confusion des ornemens fatigue par leur petitesse. Un bâtiment d'ordre gothique est une espèce d'énigme pour l'œil qui le voit; et l'ame est embarrassée comme quand on lui présente un poëme obscur. » Il me semble que l'idée principale de l'intérieur d'une église gothique, s'aperçoit d'un coup-d'œil. Ce sont des allées de palmiers ou d'autres arbres, dont les tiges élancées forment un faisceau de branches qui se recourbent et se perdent sous la voûte, ou se joignent en arcs alongés, ou ogives.

Je sais que nos aïeux, au sortir des forêts

*Des arbres imitant les voûtes végétales,
Courbèrent en arceaux leurs vastes cathédrales.*
Delille.

Ce n'est que dans les accessoires qu'on a prodigué les ornemens délicats et raffinés ; le plan général est toujours simple et imposant : les détails sont variés à l'infini. J'oserais presque dire que l'architecture gothique est le symbole d'un bon poëme, et qu'on pourrait établir beaucoup de rapport entre cette architecture et la poésie homérique.

La façade de la cathédrale n'est pas belle : ce qui détruit la symétrie, c'est qu'il n'y a qu'une tour qui ait été achevée ; l'autre n'a été conduite qu'à la hauteur de l'église. On voyait autrefois dans la cathédrale plusieurs mausolées, dont un avait été exécuté par le Bernin, et des statues de saints faites par Dominique et le Gentil ; on y montrait aussi un trésor très curieux qu'un évêque de Troyes avait rapporté de Constantinople, après la prise de cette capitale. Ce bon évêque avait choisi dans le butin des objets fort beaux, entr'autres des reliquaires artistement ornés.

Auprès de la cathédrale est l'évêché. On observait autrefois un cérémonial fort singulier pour l'installation d'un nouvel évêque. La veille de sa réception il descendait avec son cortége à l'abbaye de Notre-Dame-aux-Nonnains ; l'abbesse le conduisait par la main à la salle du chapitre, lui mettait la mitre sur la tête et la crosse à la main, et lui faisait jurer sur l'Évangile de respecter les priviléges du couvent ; de là les religieuses le conduisaient en chantant à son appartement. Le lit dans lequel il couchait ensuite, lui appartenait de droit. Le lendemain l'abbesse revêtait le prélat de ses habits pontificaux dans l'église de l'abbaye, le présentait au clergé, et le faisait asseoir dans une chaire portative bien ornée, et dans cette chaire les quatre pairs de l'évêché ou barons de la crosse, c'est-à-dire ceux qui tenaient les principaux fiefs du diocèse, étaient obligés de porter l'évêque sur leurs épaules, depuis l'abbaye jusqu'au chœur de la cathédrale, comme un nouveau pape est porté du conclave à l'église St-Pierre. La solennité se terminait par un banquet dont l'évêque faisait les frais. Il s'élevait souvent des contestations au sujet de ce cérémonial ; dans les derniers siècles sur-tout les barons ne voulaient plus porter l'évêque, et celui-ci se refusait quelquefois à prêter serment entre les mains de l'abbesse. Chaque parti soutint d'abord ses droits avec beaucoup de fermeté ; mais peu à peu on se relâcha, et à la fin le cérémonial fut réduit à une simple visite que l'évêque rendait à l'abbesse, et à une messe solennelle dans la cathédrale.

Non loin de l'évêché et de la cathédrale est l'église de St-Urbain, monument dont les Troyens ont raison d'être fiers, et qu'ils ne sauraient conserver avec trop de soin, vu qu'il rappelle le mérite et la grande élévation d'un de leurs compatriotes. Le pape Urbain, fils d'un cordonnier de Troyes, a voulu sanctifier, par la construction de cette église, le lieu où il avait reçu le jour. Elevé sur le siége pontifical, qu'il ne devait qu'à son mérite, il songeait toujours avec reconnaissance à ce qu'il devait à sa ville natale où il avait fait gratuitement ses études. Il envoya quatre cents marcs à la cathédrale et à d'autres églises, et fonda, sous l'invocation du pape St-Urbain I.er, une nouvelle église à l'endroit où était sa maison paternelle. Il mourut avant qu'elle fût achevée, et n'apprit point la scène ridicule qui eut lieu à la dédicace de cette maison religieuse. L'abbesse de Notre-Dame-aux-Nonnains, qui avait quelque droit au terrain sur lequel l'église avait été élevée, en ferma la porte au légat qui vint pour en bénir le cimetière, et comme celui-ci persistait à exercer ses fonctions, elle tomba sur lui avec quelques religieuses et le souffleta avec tant de violence qu'il fut obligé de se retirer et d'excommunier celles qui s'étaient rendu coupables de cette témérité.

On conservait autrefois dans l'église de St-Urbain une vieille tapisserie qui représentait la vie de ce pape. On y voyait son père travaillant, dans sa boutique, à la chaussure. L'église est encore ornée de quelques tableaux; mais il sont de peu de valeur. Deux artistes, au milieu du seizième siècle,

qui ont embelli presque toutes les villes
de Troyes; Le Gentil, natif de cette
ville, et Dominique, de Florence,
avaient fait pour cette église un monument funèbre. La révolution l'a fait disparaître comme la plupart des autres
morceaux de sculpture dûs à ces artistes habiles. L'intérieur de l'église
n'a, en général, rien de remarquable;
mais en dehors elle est construite avec
beaucoup de légéreté; on y voit des
piliers très-minces, que la vétusté a
rendu noirs, et qui s'élèvent librement
dans l'air comme des torches, et une
espèce de pavillon, soutenu par quatre
colonnes également très minces, qui
est devant le portail du côté droit, et
fait un fort bon effet. Il est à regretter
que les maisons cachent les autres
côtés de l'édifice, et qu'il ne soit pas
entièrement dégagé.

L'église St-Jean est aussi dans le
style gothique et a des vitraux de cou-

eur; Mignard et Girardon en avaient orné l'intérieur, sous le règne de Louis XIV. Dans l'église de Ste-Madelaine on admire un beau jubé qui, comme un pont, va d'un côté du chœur à l'autre, sans être soutenu, et qui est travaillé si délicatement qu'on dirait une grande dentelle. L'abbaye de St-Loup, ses reliques, son trésor et sa *chair sallée*, dragon en bronze que les chanoines de St-Loup portaient anciennement aux processions des rogations, n'existent plus. L'Hôtel-Dieu est un bel édifice moderne, bâti sur un canal de la Seine. Le corps de-logis est séparé de la rue par une belle grille en fer surmontée d'une croix, et par un petit jardin de fleurs. La façade de l'hôtel de ville est ornée de colonnes de marbre noir. Dans une des salles de cet édifice, l'avocat Grosley, connu par plusieurs productions littéraires, et zélé pour la gloire de sa ville natale, avait commencé à rassembler les bustes des illustres Troyens.

Outre le pape Urbain, Troyes a donné le jour à deux grands savans, Passerat et Pithou, et à deux artistes qui ont honoré le siècle de Louis XIV, Mignard et Girardon. Mathieu Molé, le père Lecointe et le graveur Thomassin, durent aussi le jour à cette ville. Un des piédestaux destinés par Grosley aux bustes de ces hommes célèbres, est resté vacant. On a proposé d'y placer le buste de Grosley même. Cet honneur est dû, à juste titre, à l'auteur des *Éphémérides troyennes*, le premier almanach de province qui ait été rédigé avec esprit et qui intéresse depuis le commencement jusqu'à la fin, quoiqu'il y soit toujours question de Troyes.

Parmi les monumens de Troyes, il faut encore ranger la porte St-Jacques qui étant flanquée de deux tours et surmontée d'une flèche légère, ressemble à l'entrée d'un château du temps de la chevalerie.

On a beaucoup parlé des boucheries de Troyes, dans lesquelles il n'entre jamais une mouche. Elles forment trois halles très longues et contiguës les unes aux autres. Les toits en sont peu élevés; des ouvertures pratiquées dans ces toits, de part et d'autre, y causent de nombreux courans d'air. C'est à cette circonstance que plusieurs personnes attribuent l'absence des mouches. Je me flattais de démentir le fait, en montrant aux bouchers quelques moucherons qui voltigeaient dans l'intérieur; mais en se tenant toujours auprès des ouvertures. On me répondit, avec beaucoup d'assurance, que des moucherons n'étaient pas des mouches.

Avant le quinzième siècle, les bouchers de Troyes étaient soumis à une coutume digne des temps barbares de la féodalité. A quelque distance de la ville, aux *Deux-Eaux-les-Troyes*, était un hospice où, selon le langage du temps, une maladrerie où les bouchers portaient tous les ans, entre Noël et la Chandeleur, le tribut suivant. Ils prenaient un chariot, s'y attachaient en guise de chevaux, le traînaient jusqu'à la maladrerie, et ramenaient à Troyes, sur le même chariot, le chapelain de l'hospice, revêtu du surplis et de l'étole et portant la croix à la main. De retour dans la ville, ils étaient contraints à charger la voiture de vingt-cinq cochons gras, et de reconduire à la maladrerie *iceulx chariots et pourceaux, ensemble le dict chapelain, ainsi revêtu et garni de la croix, étant assis devant sur le dict chariot, et chacun d'eulx ayant sur la tête ung chapelet de ver-*

...lure, et les menestriers cornant devant eulx.....

Les vingt-cinq cochons étaient une redevance qui appartenait à l'hospice. Au commencement du quinzième siècle l'hospice se plaignit de ce que les bouchers dérogeaient aux anciennes coutumes, et qu'ils n'apportaient plus que de mauvais pourceaux. En 1428, les deux partis firent une transaction par laquelle la redevance des pourceaux fut changée en une rente de douze marcs d'argent, que les bouchers devaient présenter en douze tasses d'argent fin; et cette rente fut réduite, enfin, à 200 livres, que la communauté des bouchers a continué de payer à l'Hôtel-Dieu jusqu'à la révolution.

Les promenades de Troyes sont fort agréables. Une eau vive coule dans les fossés de la ville, et une petite allée sombre, que le soleil ne saurait percer, longe les bords de ces fossés. La grande allée, qui passe sur d'anciens remparts, est large et bordée de plusieurs rangs d'arbres artistement taillés. Les Troyens ont la réputation de bien tailler les arbres, et de s'entendre généralement à tout ce qui tient au jardinage.

Les aubergistes de Troyes ont une autre réputation; celle de n'être pas trop polis. J'ai trouvé cette réputation bien fondée; je ne voudrais pas transcrire à la vérité, dans mon album, comme cet Anglais qui traversait Blois: notez que tous les aubergistes de cette ville sont grossiers et querelleurs. Cependant je ne puis m'empêcher de citer un petit exemple à l'appui de cette accusation. Comme la diligence partait de très-bonne heure, les voyageurs furent éveillés à quatre heures du matin par le garçon d'écurie. Il y avait parmi eux plusieurs dames; au moment de partir, celles-ci témoignèrent leur mécontentement d'avoir été éveillées par un valet d'écurie, et non par des femmes, comme la bienséance l'exigeait. Le garçon d'écurie répondit que les femmes attachées à la maison n'avaient pas coutume de se lever de si bonne heure; qu'il avait déjà éveillé maintes et maintes dames sans qu'elles s'en fussent jamais plaintes.

En sortant de la ville, on voit une belle filature de coton établie dans un séminaire qui venait d'être achevé quand la révolution eut lieu, et en changea la destination.

Au-delà de Troyes le paysage ne diffère pas beaucoup de celui qu'on a vu avant d'y arriver; il n'est même pas tout-à-fait aussi agréable, parce qu'on perd de vue la Seine dont le cours sinueux faisait un très-bon effet. Un ornement naturel des chaumières dans les environs de Troyes, c'est la

3.

plante qu'on appelle, je crois, la joubarbe, et qui est une miniature du palmier ; il y a des toits qui en sont couverts comme d'une petite forêt. C'est la plante du pauvre, car évitant les toits de tuiles ou d'ardoises, elle ne se plaît que sur le chaume. Les croisées et les portes des maisons des paysans de cette contrée, sont ordinairement bordées de briques ; les corniches et les angles des maisons en sont aussi garnies.

A Vandœuvre, petite ville située à six lieues de Troyes, on remarque un assez joli château. Le paysage change ensuite, les côteaux deviennent plus hauts et se rapprochent. On entre dans un beau vallon traversé par l'Aube ; les côteaux sont plantés de vignes. Dans le milieu de la vallée, les toits rouges de quelques maisons isolées, contrastent agréablement avec le vert tendre des vignes et le vert gris des saules qui bordent la rivière. Plusieurs ruisseaux descendent des collines et entrecoupent les prés pour se joindre à l'Aube.

La ville de Bar, située au fond de la vallée, a sans doute reçu son nom de cette position; car Bar signifie barrière, but ou rempart. Elle exporte des vins, des toiles, des grains et des clous. On prétend qu'elle était autrefois très-grande, et qu'elle faisait un commerce si considérable, que plusieurs nations y avaient des magasins et dépôts de marchandises; aujourd'hui Bar n'est plus qu'une sous-préfecture du département de l'Aube, et excepté sa position elle n'a rien de remarquable. A deux lieues de cette ville était la célèbre abbaye de Clairvaux, fondée par St. Bernard, dans une vallée appelée de son temps la *vallée d'Absynthe;* il n'en reste plus que quelques bâtimens convertis en papeterie.

A une lieue derrière Bar, on découvre, à la droite, la côte de Ste-Germaine, et à deux lieues plus loin le mont Saon : sur ces hauteurs a jadis campé le grand César ; ce nom suffit pour donner de l'intérêt aux plus simples objets.

Dans le département de la Haute-Marne, les côteaux deviennent plus nombreux. On passe auprès d'une grande forêt qui a été fort éclaircie du côté de la route, pour empêcher les brigands de s'y former des repaires. La vue de cette forêt rappela une anecdote remarquable à une personne qui se trouvait dans la diligence. Pendant la révolution il s'était formé des associations de voleurs qui pillaient les voitures publiques, sous prétexte de prendre l'argent du gouvernement républicain. Plusieurs hommes de bonne famille n'avaient pas rougi d'entrer dans ces complots ; ils s'absentaient de temps à autre de la ville, pour prendre part à l'attaque et au butin.

Un jour un parisien ayant passé quelque temps à Chaumont, retournait avec la diligence à Paris. Le jour était déjà tombé quand la voiture longea cette forêt. Tout-à-coup elle fut assaillie par des brigands armés. L'un d'eux ouvrit la portière et exigea, un pistolet à la main, l'argent des voyageurs. Le parisien fut étonné de reconnaître la voix d'un gentilhomme avec lequel il avait dîné deux jours auparavant; il donna vingt-cinq louis d'or qu'il portait sur lui, et il eut la générosité ou plutôt la faiblesse de ne pas le dénoncer.

Nous rencontrâmes auprès de cette forêt un paysan revêtu d'une espèce de soutane; il nous offrit des sachets et d'autres menus objets qu'il tira de son havre-sac. On le fit causer, et je fus fort étonné d'entendre ce paysan se plaindre de la corruption des mœurs et de l'affaiblissement des sentimens religieux; mais je vis bientôt que ce qui le touchait, c'était moins l'intérêt de la religion que le sien propre.

Je suis d'Arréville, dit-il ; autrefois tout mon village subsistait des cornets et des bagues de St-Hubert : la France nous achetait ces remèdes contre la rage, et si on ne voulait pas acheter nous chantions dans les villages, et nos chansons finies, nous n'avions qu'à parler des miracles de St-Hubert pour débiter nos cornets et nos bagues comme de petits pains. Mais aujourd'hui, hélas ! le commerce de mon village languit, on ne débite plus rien; pour vendre une bague de St-Hubert à un paysan, il faut lui raconter pendant trois heures tous les miracles qu'elle peut opérer, et souvent à la fin le paysan secoue la tête et nous plante là; hélas ! le monde devient tous les jours pire ! Il nous quitta en soupirant.

On cultive dans cette contrée beaucoup de blé sarrasin et de chanvre. La fleur blanchâtre du sarrasin couvre de vastes champs ; tiller le chanvre y est une occupation de tous les âges. Comme on peut tiller en se promenant, on préfère cette ancienne habitude à l'usage des machines par lesquelles on nettoye le chanvre. On prétend d'ailleurs que le chanvre souffre moins par le tillage que par les machines ; peut-être n'est-ce qu'un préjugé. Il y a des personnes qui se plaignent en général de l'invention des machines, prétendant qu'elles privent de pain un très-grand nombre d'ouvriers. Ces personnes ignorent sûrement qu'il y a toujours assez de travaux, et qu'on est trop heureux de pouvoir les abréger à l'aide des machines. Sans doute quelques individus souffrent, mais la généralité y gagne. Aurait-il fallu rejeter l'invention de l'imprimerie, par la raison que les copistes de livres perdaient leur état?

Le sol de l'arrondissement de Chaumont est une roche rougeâtre dans laquelle le fer limoneux se trouve presque à fleur de terre. Cette roche fournit aussi une pierre feuilletée d'un demi-pouce d'épaisseur, appelée *lave*, que l'on casse en morceaux à peu près égaux, pour en couvrir les maisons. Cette espèce de toit ne coûte presque rien; on tire les pierres de la terre, on les casse et on les pose les unes auprès des autres sur la maison: le toit étant doucement incliné, elles se soutiennent par leur poids. Mais il faut que la maison soit très-solide pour porter un fardeau aussi lourd; si les fondemens ne sont pas bien posés, les murs se crevassent, et toute la maison s'écroule en peu de temps. La toiture des maisons est pour les habitans des campagnes, un objet plus sérieux qu'on ne pense. On ne sait souvent quel toit choisir ; les ardoises sont trop facilement enlevées par le vent ; les tuiles sont chères et ne couvrent pas assez les greniers où est souvent renfermée toute la richesse du cultivateur ; les tablettes de bois sont trop dangereuses à cause du feu, et les laves trop lourdes. On essaya, il y a quelque temps, à Besançon, de couvrir un bâtiment public en plaques de tôle de fer ; il en résulta un autre inconvénient : la tôle se rétrécit ou s'alongea suivant la température ; les plaques ne se joignant plus, laissèrent passer la neige et la pluie. Peut-être faudrait-il encore donner la préférence à la tuile, sur-tout à la petite dont on fait usage à Paris, ou à la plate et carrée que l'on emploie en

Suabe. A Bar-sur-Aube, les tuiles sont entièrement creuses, en sorte que les toits ressemblent à des colonnes cannelées; mais je crois que la pluie s'arrête dans ces cannelures, et passe de là dans les greniers. En Westphalie on fait usage de grandes tuiles de six à huit livres pesant; celles-là menacent d'écraser les passans.

Avant de monter la côte de Chaumont, on passe devant des roches rougeâtres que la Marne et la Suize séparent de la montagne sur laquelle est bâtie la ville.

Ces rivières coulent dans un fond très-bas. La Suize se perd dans les grandes chaleurs. A mi-côte est un hospice qui jouit d'une vue fort agréable. Chaumont, situé sur une petite montagne, n'était autrefois qu'un château fort. La ville qui s'y est formée est moderne, et ne compte que cinq mille habitans. Elle doit cependant à l'avantage de sa situation, d'avoir été choisie pour le siége de la préfecture, préférablement à Langres. Sans la préfecture, Chaumont serait assez triste. L'hôtel de ville et l'église en sont les seuls édifices distingués. *L'Itinéraire de l'Empire français* prétend qu'il faut admirer le portail de l'église du collége; mais cette église tombe depuis long-temps en ruine. Les sépulcres, dans les églises, sont un objet d'émulation entre les villes de la haute Champagne. L'église de Chaumont a un sépulcre dont on parle à vingt lieues à la ronde. On le ferme soigneusement, et le sacristain l'ouvre aux curieux avec un air d'importance. Ce sont dix figures de grandeur naturelle, avec le tombeau du Christ. Quoiqu'elles soient enduites d'une couche bien épaisse de couleur, on voit qu'elles sont bien faites pour le siècle où ce sépulcre a été sculpté (en

1471). Chaumont a une petite salle de spectacle; mais comme on n'y jouait pas, je ne l'ai point vue. Le collége de cette ville est assez bien tenu. Les anciennes Urselines de Chaumont s'occupent de l'éducation des demoiselles: elles ont plusieurs écoles nombreuses. Chaumont a une société savante; cependant les lettres paraissent être fort peu cultivées dans cette contrée; on ne put me nommer qu'un seul homme instruit et se livrant sérieusement à la littérature. Je demandai chez un libraire un Annuaire du département, mais il ne put me le fournir; j'ai trouvé la même difficulté dans d'autres départemens. Les libraires des provinces ont, en général, des magasins très-mal fournis, et si la plupart d'entr'eux ne vendaient en même temps d'autres objets, tels que papiers, estampes, crayons, etc., ils ne pourraient subsister. Ils se plaignent qu'on ne lit pas :

ils prétendent aussi que les colléges leur font tort, en ce que les professeurs tirent directement de Paris les livres d'instruction, afin de jouir de la remise, et que les commis voyageurs des libraires de Paris, leur enlèvent tout moyen de vendre, en offrant eux-mêmes les livres aux particuliers.

On fabrique à Chaumont beaucoup de gants. Les femmes du peuple sont presque toutes occupées à tricoter devant leurs maisons; leur habileté est telle, qu'on peut à peine suivre le mouvement de leurs mains.

Les anciennes maisons de Chaumont ont, dans leur façade, une tour qui commence au-dessus de la porte, et monte jusqu'au faîte; mais elle n'est que figurée à peu près comme la demi-bosse. Au-dessous de cette tourelle, le long de la porte, on figure aussi en dehors quelques degrés d'un escalier. C'est en effet dans cette espèce de tour qu'est renfermé l'escalier qui conduit aux étages supérieurs. On voit par les restes des bastions et par les portes, que Chaumont a été une place très-forte. Une chose fort divertissante pour un voyageur, c'est la rivalité qui existe entre Chaumont et Langres. Ces deux villes ont chacune un recueil de facéties dans lequel les Chaumontais ou les Langrais jouent le principal rôle. Dans le recueil des Chaumontais, c'est un niais langrais qui est le héros de toutes les pièces; dans celui des Langrais, tout tend, au contraire, à faire ressortir la simplicité chaumontaise. Cette rivalité a quelquefois donné lieu à des scènes fort comiques. Lorsqu'au commencement de la révolution on établit la préfecture du département à Chaumont, les Langrais furent tellement piqués de la préférence donnée à leurs rivaux, qu'ils s'armèrent de fusils et de quelques vieilles épées, et partirent pour Chaumont, sans doute dans l'intention d'emmener la préfecture chez eux. Quand ils arrivèrent devant les portes de Chaumont, on vit se renouveler la scène des Romains et des Sabins, dans Tite-Live: d'un côté étaient les pères et les frères ; de l'autre côté les époux et les fils : car la moitié de Chaumont est parente de la moitié de Langres. Les femmes se jetèrent entre les deux partis. A ce spectacle attendrissant, les armes tombèrent des mains des Langrais; ils rougirent et colorèrent leur expédition de divers prétextes : les uns disaient qu'ils venaient en partie de chasse; les autres prétendaient avoir entendu dire que Chaumont était assiégé, et réclamait leur secours. De tendres reconnaissances et des régals terminèrent cette journée.

Cependant les Langrais ne pardonnent pas encore aux Chaumontais d'avoir une préfecture. Une nouvelle pomme de discorde vient d'être jetée parmi eux. Il est question d'un lycée à établir dans une des deux villes; c'est à qui travaillera le plus pour l'avoir. Les Chaumontais font valoir leur préfecture, les Langrais leur beau collége; et quoique ces derniers ne passent pas pour très-libéraux, ils ont cependant rassemblé, en peu de temps, un fonds de trente mille francs pour l'établissement de ce lycée. L'une et l'autre ville ont leurs amis à Paris; celle qui aura le lycée, aura obtenu un grand triomphe sur l'autre. Cette rivalité a sans doute un côté ridicule; mais elle a l'avantage d'entretenir une émulation très-utile dans ces deux villes.

Langres est éloigné de Chaumont de huit lieues; on fait ce chemin dans une matinée, avec une bonne voiture, pour un prix très-modique. Dans cette route qui monte toujours, mais presqu'insensiblement, on longe une jolie vallée traversée par la Marne, qui est encore, dans cette contrée, un ruisseau qu'on pourrait enjamber dans quelques endroits. Elle coule au milieu de belles prairies ; les côteaux ne suivent son cours qu'à une certaine distance. C'est une chose curieuse que d'observer les diverses manières dont les montagnes sont disposées le long des rivières. Chez quelques-unes, les montagnes s'avancent jusqu'au bord de l'eau, et forment des escarpemens horribles ; tel est le Doubs : chez d'autres, elles bordent des vallées parfaitement unies ; la Marne est de ce nombre : chez d'autres, enfin, elles sont à peine indiquées par des côteaux lointains ; nous en avons un exemple à la Seine. Une carte qui rendrait fidellement ces diverses dispositions, serait, je crois, une heureuse nouveauté en géographie.

CHAPITRE II.

LANGRES.

L<small>A</small> capitale des *Lingones*, nation qui a joué un grand rôle parmi les peuples belliqueux de la Gaule, et dont il est souvent question dans l'histoire romaine, est réduite aujourd'hui à une population de sept à huit mille habitans. Par sa position elle domine sur une province fort étendue, et mérite d'en être le chef-lieu. Il faut monter sur les tours de l'ancienne cathédrale, pour avoir une idée de sa situation. Je ne connais pas de meilleur emplacement pour un observatoire astronomique, que ces tours qui, ayant une plate-forme entourée d'une balustrade, semblent être faites dans cette intention. Nulle part la vue n'est gênée. Elle embrasse un horizon immense dans lequel la ville se dérobe, pour ainsi dire, sous les pieds de l'observateur; les champs, les côteaux et le cours de la Marne se prolongent à perte de vue.

On a pratiqué sur une des tours de l'église, une jolie petite chambre pour un gardien qui surveille, du haut de son observatoire, trente à quarante lieues de pays, et donne l'alarme, en cas d'incendie, sans sortir de sa cellule; il n'a qu'à presser un ressort qui communique au tocsin. Les vastes plaines et vallées au milieu desquelles s'élève la montagne de Langres, ont été le théâtre de guerres fréquentes; elles ont vu passer les Romains, les Huns, les Vandales, les Germains, les Bourguignons, les Francs, les

Sarrasins, et d'autres peuples. Des armées belliqueuses s'y sont rassemblées plusieurs fois, pour faire redouter leur valeur loin de leur patrie. Chrocus, à la tête d'une armée de Germains, de Vandales et d'autres nations, parut dans ces plaines vers l'an 264, s'empara de Langres, livra la ville au pillage et au massacre; l'évêque saint Didier, qui voulut intercéder pour son peuple, paya de sa tête cette noble hardiesse. Environ quarante ans après, des hordes venues d'au-delà du Rhin, envahirent le territoire romain jusqu'aux plaines de Langres. L'empereur Constance Chlore, voulant arrêter ce débordement, est repoussé et poursuivi jusqu'aux portes de la ville, qui se ferment soudain pour empêcher les ennemis d'y entrer avec les derniers fuyards. On hisse l'empereur blessé au haut des murailles. L'aspect de ses blessures anime les Langrais à la vengeance. Dans une sortie ils fondent sur les vainqueurs dispersés dans les plaines pour piller, et en taillent en pièces la plus grande partie. Un arc de triomphe dont il reste encore des vestiges derrière l'église, servit de monument à cette victoire qui sauva Langres. Une foule de Langrais suivirent l'Empereur dans son expédition en Perse, contre le roi Sapor, et méritèrent, par leur valeur, des statues dans la ville d'Edesse. Pour repeupler les campagnes désertes, Constance força les prisonniers francs et bataves à s'y établir avec leurs familles. La paix régna dans le territoire de Langres pendant un siècle ; mais en 451, de nouveaux fléaux le ravagèrent. Attila fuyant, vengea sur les Langrais la défaite qu'il venait d'essuyer entre la Marne et la Seine ; et leur capitale incendiée expia la victoire des Romains sur les Huns. Elle renaquit cependant de ses cendres: des évêques sages et vertueux gouvernèrent le diocèse, et remplacèrent, par des institutions chrétiennes, les établissemens romains détruits par les barbares. Mais en 732, un nouvel ennemi, le peuple sarrasin, fond sur Langres, et pille cette ville en fuyant devant Charles Martel. Elle se rétablit encore de ce désastre. La jeunesse langraise se distinguait toujours dans l'art militaire. Sous Charlemagne, un évêque de Langres, nommé Betton, qui secondait parfaitement les vues de l'Empereur, institua dans la ville de Langres une école de mathématiques et une académie pour les exercices guerriers. L'empereur Louis le Débonnaire assista dans cette ville à un concile provincial, et fit en cette occasion présent à la cathédrale, d'un grand crucifix d'argent que Charlemagne avait reçu du concile de Nicée, et qui, par une bizarrerie qui passerait aujourd'hui pour une impiété, représentait Jésus-Christ habillé en pape. La révolution a fait disparaître ce monument curieux. Dans le onzième siècle, les évêques de Langres perdirent le domaine de Dijon qu'ils avaient possédé jusqu'alors; ils furent dédommagés dans la suite de cette perte réelle, par le titre de duc et pair. Aujourd'hui l'évêché de Langres est soumis à celui de Dijon, comme l'évêché de Dijon dépendait autrefois de celui de Langres. Cependant en considération de son ancienne splendeur, le titre en a été conservé, en sorte que l'évêque s'intitule à la fois évêque de Dijon et de Langres.

Le clergé de ce pays a rendu de grands services au diocèse. Dans le onzième siècle, cette contrée aujourd'hui couverte de moissons, fut plusieurs fois désolée par la famine et la peste. Une de ces disettes porta la misère au point, que le peuple arracha l'herbe des champs et dépouilla les arbres de leur écorce pour se nourrir. Le clergé vendit alors les trésors des églises pour lui procurer un peu de pain. Dans le douzième siècle, la noblesse et les aventuriers causèrent presqu'autant de maux qu'en avaient produit la disette et la contagion dans le siècle précédent. Ils exercèrent des brigandages affreux dans cette contrée. Ce fut encore le clergé qui la sauva. Joceran, évêque de Langres, convoqua le clergé, la noblesse et le peuple, dans la plaine entre Eux et Tréchâteau. On y avait dressé des tentes de feuillages autour d'un grand pavillon sous lequel étaient déposées les châsses contenant les reliques des Saints. L'archevêque de Vienne, le duc de Bourgogne, le comte de Bar, plusieurs évêques, beaucoup de nobles et d'abbés, et une foule innombrable de peuple se trouvèrent à cette assemblée, dans le mois de juin 1116. On proposa alors de mettre fin à toutes les violences, d'oublier les griefs mutuels, et de jurer sur les restes des Saints une paix perpétuelle. Les nobles et les abbés firent ce serment, et le peuple les remercia par ses acclamations long-temps soutenues.

Tels sont les souvenirs historiques que rappelle la vue des environs de Langres, et qu'on trouve consignés dans un abrégé chronologique, bien fait, qui orne l'Annuaire du département de la Haute-Marne. Laissons maintenant le panorama de la ville, et descendons dans l'intérieur. L'église de St-Mammès, dont nous venons de quitter les tours, est le premier objet digne d'une visite. Cette église, ancienne cathédrale, a été plusieurs fois rebâtie. On prétend qu'une partie du chœur est le reste d'un temple payen. L'intérieur est construit dans le style gothique, mais sans être aussi remarquable que la plupart des anciennes cathédrales. La façade est moderne; et il n'y a pas quarante ans que les tours ont été achevées. On trouve dans l'église plusieurs statues de saints; on a sans doute cru les honorer en les dorant de pied en cap. Heureusement l'art n'y a rien perdu; mais il serait fâcheux qu'on fît un jour le même honneur à une belle statue de St-Mammès exécutée par un artiste de Langres, M. Bertrand, qui peut être compté au nombre des meilleurs sculpteurs de la France. Le musée de Dijon possède de lui de fort belles statues copiées d'après l'antique. Un homme sans goût, s'il avait eu le patron d'une église à représenter, n'aurait pas manque d'en faire un vieillard avec une forte barbe et une longue robe bien plissée. Mais M. Bertrand, nourri du goût de l'antiquité, s'y est pris autrement. Il a représenté St-Mammès dans l'adolescence, et couvert d'une légère draperie grecque, ce qui a fourni à l'artiste le moyen de déployer de belles formes. Cette draperie n'est pas d'ailleurs déplacée, puisque St-Mammès était de l'Asie-mineure. Le Saint n'étant encore que berger, vient de lire l'Ecriture sainte ; le style sublime de ce livre l'a frappé au point de le plonger dans une profonde rêverie. Un nouveau monde semble s'ouvrir devant le jeune pasteur ; et à voir sa figure pleine de candeur, on devinerait que la lecture qu'il vient de faire laissera une impression durable dans son ame neuve et adonnée à la vertu, et fera naître des résolutions que le martyre même ne pourra qu'affermir.

Aux pieds du Saint est couché un vieux lion. Ce beau morceau est un présent que M. Bertrand a voulu faire à sa ville natale. Il a sculpté aussi deux anges agenouillés pour le maître-autel ; mais comme ce sujet ne l'a pas inspiré, il n'y a pas aussi bien réussi que pour la statue de St-Mammès. Dans la sacristie on conserve un Christ en bois, chef-d'œuvre de Le Gentil. La contraction des muscles et les douleurs morales et physiques du fils de Dieu, sont exprimées d'une manière frappante dans ce beau morceau. Malheureusement le bois dont il est sculpté est vermoulu ; mais pour que ce modèle ne fût pas perdu, on en a tiré un moule il y a quelque temps ; en sorte que l'on en peut maintenant multiplier les copies, et certes, les églises ne sauraient avoir un plus bel ornement qu'une copie de ce chef-d'œuvre. Les vers ne l'auraient pas rongé si, autrefois, on en avait ou le même soin qu'on avait pour les prétendues reliques des trois jeunes Hébreux jetés, par ordre de Nabuchodonosor, dans une fournaise ardente. Il fallait avoir un esprit bizarre pour fabriquer les reliques de trois enfans juifs, et une crédulité bien grande pour y croire; mais c'est précisément la singularité du fait qui fit la fortune des reliques. On négligeait le beau Christ de Le Gentil, et on ornait d'or et d'argent les fausses reliques des trois Hébreux! Les rois de France venaient les visiter, et si la cathédrale de Langres leur en donnait quelquefois des parcelles, elle savait bien qu'elle aurait en retour des présens plus solides. La révolution y a mis fin; trésors, reliques, croyance, tout a disparu : et le Christ, grâce à son obscurité, a été conservé. Il faut regretter qu'on n'ait pas ménagé aussi les tapisseries du trésor de l'ééglise. Elles représentaient la vie de St-Mammès et celle du patriarche Job; l'immortel Raphaël en avait fait les dessins. Le jubé et la chaire épiscopale, qu'on admirait autrefois dans cette église, ont également été détruits.

Une église moderne, qu'on voit auprès du bureau des diligences, n'a pas été achevée; une des tours est cependant finie. Le collège est fort grand, et possède aussi une assez belle église. Cet édifice est construit, comme les principaux bâtimens de la ville, en roche jaunâtre du pays; il serait dommage qu'on n'en fît pas un lycée.

La ville n'est pas mal bâtie; elle est petite, mais les rues sont assez larges. Dans la grande rue sont établis les principaux couteliers de la ville. On sait que Langres est renommé pour cette profession. On voit dans leurs boutiques des ouvrages faits avec beaucoup d'art; mais ils pourraient perfectionner davantage cette branche d'industrie. Ils font trop d'ouvrages communs, et ne cherchent pas assez à imiter et à surpasser la coutellerie fine qui nous vient d'outre mer.

Cette émulation serait d'autant plus nécessaire aux couteliers de Langres, qu'ils se voient déjà enlever leur profit et leur réputation par les ouvriers de Nogent, village situé à quelques lieues de Langres. Avant la révolution ils jouissaient des fruits du travail de Nogent, et toute la coutellerie du pays se vendait avec la marque de Langres ; mais actuellement, les couteliers de Nogent, devenus très-nombreux, ont leur propre marque et pourront bientôt se passer de leurs anciens maîtres. Le nombre d'hommes occupés à cette profession, tant à

Nogent qu'à Langres, se monte à deux mille.

On m'avait parlé d'un homme remarquable par son industrie et par ses inventions dans les arts mécaniques ; c'est l'imprimeur-libraire, M. Laurent Bournot. J'allai le voir, et j'eus lieu de me féliciter de cette visite. M. Laurent Bournot est enflammé du désir de faire honneur à sa patrie, et de lui communiquer cet amour pour les arts, qui le consume. Si la reconnaissance qu'on lui doit pour tous ses efforts et pour ses succès, égalait son mérite, il serait heureux ; mais loin de trouver de la reconnaissance dans ses compatriotes, il en est traité de fou et de téméraire, parce que ses vues surpassent de beaucoup les leurs. Comme cette cause est propre à intéresser toute la France, je vais exposer en peu de mots les travaux de cet homme extraordinaire, et laisser ensuite prononcer le public entre M. Laurent Bournot et les habitans de Langres.

Il me mena d'abord voir son imprimerie. On sait ce que sont ordinairement les imprimeries de province; mais M. Laurent Bournot travaille comme les premiers imprimeurs de Paris, et, ce qui est plus étonnant, c'est lui qui fond les caractères dont il se sert, et qui en grave les poinçons. Il y a de lui des échantillons qui égalent ce que les Didot, les Crapelet, les Mame, ont fait de plus beau. Mais ce n'était pas assez pour lui d'être un des premiers fondeurs et imprimeurs de la France, il voulut encore être un de ses premiers papetiers. On sait que les Anglais fabriquent des papiers d'un très-grand format. M. Laurent Bournot, pour les laisser loin derrière lui, conçut le hardi projet de faire des feuilles de

4 *

plus de neuf pieds de long, sur sept pieds de large. Ceux à qui il fit confidence de son projet, crurent qu'il avait perdu la tête, et lui prédirent qu'il ne réussirait jamais ; mais tout ce qu'ils lui dirent, ne fit qu'augmenter son ardeur. N'ayant pas de papeterie, il manquait de tous les outils ; il fallut commencer par les fabriquer. Après ces commencemens qui auraient suffi pour rebuter des esprits d'une trempe ordinaire, M. Laurent Bournot se mit à exécuter son projet. Il eut bientôt préparé la pâte et fait une forme de la grandeur du papier ; mais il échoua les premières fois à un écueil inévitable : c'est que la pâte coulait quand il voulait retourner cette forme gigantesque.

M. Laurent Bournot oublia de manger et de dormir, jusqu'à ce qu'il eût trouvé le moyen de retourner la forme, sans que la pâte s'échappât.

Après quelques jours de méditations, il découvrit enfin, dans le silence de la nuit, ce procédé si nécessaire. J'ignore en quoi il consiste, car l'inventeur en fait un secret. A peine le jour commençait à poindre, qu'il courut à sa papeterie et mit la main à l'ouvrage. Archimède, en trouvant le poids spécifique des métaux dans les fluides, ne fut pas plus joyeux que M. Laurent Bournot, lorsqu'au premier essai, la feuille de neuf pieds de long, sur sept pieds de large, se développa sous ses yeux.

Cependant son ambition n'était pas encore contentée. Il résolut de couronner l'œuvre, en imprimant d'un seul coup de presse sur cette feuille immense. Depuis l'invention de l'imprimerie, jamais pareille entreprise n'avait encore été essayée. Ce furent de nouveaux obstacles, de nouveaux cris de la part de ceux à qui l'inventeur fit part de son projet ; mais rien ne fut capable de le rebuter, et l'impression réussit comme la fabrication du papier. M. Laurent Bournot y imprima un Abrégé de l'histoire de Langres, dans lequel ce brave Langrais rassembla tous les traits propres à rehausser l'éclat de sa patrie. Il montra alors son ouvrage. Tout Langres en fut émerveillé ; mais la jalousie se mêla en même temps à l'étonnement. Vers cette époque eut lieu, à Paris, l'exposition des produits de l'industrie française. La feuille de M. Laurent Bournot partit avec les couteaux de Langres, pour les portiques de la place des Invalides. Dans la capitale, elle excita autant d'étonnement qu'à Langres ; mais, selon la coutume des Parisiens, on y oublia le lendemain ce qu'on avait admiré la veille ; et les personnes qui s'occupent des arts, tout en rendant justice à l'inventeur, ne sentirent pas assez l'utilité que son invention pourrait avoir dans la fabrication des papiers peints, dans la confection des cartes géographiques, dans les dessins des arpenteurs ; personne n'en tira profit, et l'inventeur n'en recueillit que de stériles éloges. Loin d'en être découragé, il songea de nouveau à relever l'industrie de Langres. Il se dit à lui même : cette ville est renommée pour sa coutellerie ; faisons voir à la France qu'elle pourrait être le premier atelier de ce genre, si elle le voulait. Il prit des renseignemens très-exacts sur la fabrication des sabres de Damas, et se concerta avec un coutelier de sa ville, pour fabriquer un damas parfait. Trente-deux fils de bon fer furent tordus et forgés ensemble ; on donna la trempe nécessaire à cette lame. Un artiste de Langres, établi à Paris, fit de charmans dessins relatifs aux victoires de l'Empereur; et M. Laurent Bournot, qui dessine parfaitement bien, les fit exécuter, avec beaucoup de soins, sur les deux côtés du sabre; le fourreau et la poignée furent dignes de la lame: le tout fut exécuté par des Langrais. Avec ce bel échantillon, M. Laurent Bournot se rendit à Troyes où l'Empereur devait passer. Le préfet de l'Aube, charmé d'avoir un homme aussi utile à présenter, lui facilita les moyens d'approcher de sa Majesté. L'auteur fut admis à lui faire hommage de son chef-d'œuvre. Le soir, la ville de Troyes donna un bal aux personnes augustes qui séjournaient dans ses murs. On produisit alors le sabre; toute la cour en fut étonnée. Le lendemain matin, l'Empereur demanda M. Laurent Bournot; malheureusement on ignora son adresse. Après le départ de la cour, on lui remit vingt napoléons; mais il avait perdu l'occasion qu'il avait tant désirée, d'entretenir le souverain, des moyens de relever l'industrie de Langres.

Rien ne put décourager cet homme infatigable pour la gloire de sa patrie. En s'élevant dans ses spéculations, il songea même à perfectionner la marine, et médita le projet d'adapter aux vaisseaux une imitation des fortifications de terre. Après avoir bien mûri ses idées, il les mit par écrit et partit pour Paris, dans l'espoir d'avoir l'honneur de les exposer au ministre de la marine. Il demanda une audience ; le ministre jugea à propos de le faire parler d'abord à un des inspecteurs généraux de la marine. M. Laurent Bournot craignant qu'un autre ne se fît honneur de sa découverte, n'osa pas faire voir tous ses plans, et n'en expliqua qu'une partie.

Le projet parut à l'inspecteur incohérent et impraticable, et sur son rapport il fut rejeté. L'auteur revint à Langres et reprit son imprimerie, sans cesser d'être utile à ses concitoyens. C'est lui qui engagea la ville à faire mouler le Christ de Le Gentil, afin d'en pouvoir tirer des copies. Il voulut établir à Langres une école des beaux arts, et promit, pour M. Bertrand et pour lui, d'enseigner gratuitement ; mais un maître de dessin prévoyant que son petit talent serait éclipsé par celui de ces deux maîtres, trouva moyen d'empêcher l'exécution de ce projet. M. Laurent Bournot n'en persista pas moins à servir ses concitoyens. Il établit chez lui une école de dessin pour les enfans pauvres, et il a maintenant la satisfaction de procurer un état honorable à des élèves qui, sans lui, seraient probablement restés dans la misère. J'ai entendu la mère d'un de ses enfans donner des bénédictions à

M. Laurent Bournot, de ce qu'il avait mis son fils en état de pourvoir à la subsistance d'une famille entière. De pareils éloges sont, ce me semble, bien propres à faire oublier les sarcasmes de ses concitoyens. Le monde ne juge que sur les résultats des entreprises, relativement à la fortune. Si M. Laurent Bournot avait accumulé des richesses, on ne manquerait pas d'admirer son génie; mais comme ses nombreux essais ont consumé son bien, on juge qu'il ne valait pas la peine de les faire. Il a vu lui-même la nécessité de ne plus s'occuper que de son état; cependant, il semble né pour inventer, à peu près, comme La Fontaine faisait des fables : et il perfectionne de temps en temps quelque outil ou quelque machine utile. Il me montra un nouvel outil qu'il venait d'inventer, et par lequel les relieurs peuvent rogner les livres bien plus facilement et bien plus vîte qu'avec la machine compliquée dont ils ont coutume de se servir.

Il s'offrit à me servir de guide dans la ville. Nous allâmes d'abord rendre une visite à M. Bertrand ; nous ne le trouvâmes pas chez lui, mais on nous permit de voir le monument funèbre que cet artiste a érigé dans son jardin à sa famille. Ce morceau est fort simple et cependant très-beau ; c'est un carré fait en pierre de taille, et orné sur le devant d'un bas-relief en marbre, représentant plusieurs figures allégoriques : celle de la Religion est faite de main de maître. Autour de ce monument, dans de petites niches, sont posées les urnes destinées à recueillir les cendres des parens de M. Bertrand. Plusieurs de ces urnes sont remplies et enfoncées à moitié dans la

pierre, les autres sont encore vides.
Il faut convenir que l'aspect des vases qui attendent leurs restes mortels, n'est pas très-gai pour les parens ; tout le monde n'a pas, comme les chartreux, assez de résignation pour aimer les *memento mori*.

De-là nous nous rendîmes chez M. Douette Richardot, qui est dans l'agriculture ce que M. Laurent Bournot est dans les arts. Nous fûmes également privés du plaisir de le voir, mais nous vîmes ses belles plantations, et mon guide me fit présent d'un rapport de la société d'agriculture du département de la Haute-Marne, rapport que M. Laurent Bournot a imprimé avec une sorte de luxe typographique, pour honorer son compatriote, et qui détaille les grandes améliorations que celui-ci a faites dans l'agriculture de son département. Un terrain stérile au-dessous de la ville de Langres, qui ne paraissait à personne susceptible de culture, parce qu'un reste de chaussée romaine passait au-dessous, a été changé par M. Richardot en une belle pépinière de peupliers d'Italie. La ferme du moulin des ci-devant Urselines, dont le terrain était en partie couvert d'eaux croupissantes, est devenue par ses soins une bonne propriété, composée de prairies artificielles, d'une pépinière et d'un jardin potager. M. Richardot a commencé à planter des peupliers et des saules sur des côtaux qui bordent la Marne, et qui, depuis long-temps, sont dépouillés de bois. L'établissement des prairies artificielles est encore un des objets dont son département lui est redevable. Déjà dans toutes les parties de l'arrondissement de Langres, dit le rapport de la Société d'agriculture, on sème des trèfles, des luzernes et des sainfoins ; on en compte actuellement au moins 500 hectares. Heureux effets des exemples utiles que M. Douette Richardot ne cesse de présenter ! Les marchands de ces graines, établis à Langres, en ont vendu depuis un an, plus qu'ils n'en avaient débité dans les vingt années précédentes; ce fait donne une idée de l'amélioration qui se prépare, et de l'état de prospérité où elle amenera les campagnes. A l'exemple de M. Douette Richardot, et d'après ses conseils, il se fait continuellement sur tous les points de l'arrondissement, de nouveaux établissemens en plantations et prairies artificielles. Le cultivateur incrédule vient se convaincre sur les lieux; étonné de ce qu'il voit, il demande des conseils à l'auteur de cette heureuse innovation, et devient imitateur. Enfin, c'est au plan de M. Douette Richardot que l'on doit les nouveaux travaux entrepris pour le desséchement du marais de Chézeau, le plus grand et le plus mal-sain du département. Il y a trente ans qu'on abandonna ces travaux, parce que les ouvriers et les paysans des environs furent attaqués de fièvres plus violentes qu'auparavant, et en moururent. Depuis ce temps, une sorte de terreur s'étant répandue dans le canton, avait empêché de reprendre l'ouvrage. Les nouveaux essais faits d'après le plan de M. Douette Richardot, approuvé par le gouvernement, n'ont eu aucun résultat funeste, et on extrait actuellement de la tourbe de ce marais. M. Douette Richardot est auteur d'un Traité de la pratique de l'agriculture ; les encouragemens ne lui ont pas manqué, car il a reçu tant de médailles qu'il en a fait une collection.

J'allai voir ensuite, avec M. Laurent

Bournot, les promenades de la ville. Il y a une jolie promenade auprès de la porte de Dijon, sur une esplanade des anciennes fortifications. Le mur qui l'entoure est d'une solidité extrême. On voit que ce côté était le mieux fortifié ; car il y a trois portes l'une derrière l'autre. Cette précaution était nécessaire, parce que c'est la seule partie de la ville qui touche aux côteaux. De tous les autres côtés la ville est isolée, et les murs s'avancent jusqu'au bord du plateau de la montagne. Cette position devrait fournir à Langres une des plus belles promenades de la France, et précisément c'en est la plus maussade. On a eu l'idée bizarre de laisser subsister les vieux murs dans toute leur hauteur, d'y appuyer un petit toit en tuiles, et de soutenir ce toit du côté de la ville, sur des poteaux ; en sorte qu'on peut faire le tour de la ville, sous une espèce de halle, le plus tristement possible ; car d'abord cette promenade, ou plutôt cette halle fort étroite et pavée de dalles de pierres, n'a point le grand air; on y est privé de la belle vue du pays langrais, et pour comble de désagrément, du côté de la ville, ce sont des murs ou des maisons abandonnées qui bordent et enferment presque entièrement cette longue allée circulaire; en sorte qu'on se promène entre deux murs. Cependant on a eu l'attention de pratiquer, de distance en distance, de grandes ouvertures dans les murs extérieurs, afin qu'on ne soit pas totalement privé de la vue de la campagne; mais on les a garnies de barreaux de fer, comme les fenêtres d'une prison. Quelle belle promenade aurait-on pu faire, en abattant les murs jusqu'à hauteur d'appui, en élevant la terre, et en y plantant quelques allées d'arbres? On aurait, presque de tous les côtés une vue de dix lieues, et on respirerait partout un air salubre. D'un autre côté, il est juste de dire que les murs de Langres sont un vrai monument. Celui qui n'a pas une idée de la manière dont on défendait les villes avant l'invention de la poudre, doit aller voir Langres. Les murs très-bien conservés de cette ville lui en présenteront tous les détails, tels que les portes du haut desquelles on faisait descendre des herses en fer; des meurtrières dans toutes les directions pour les arbalétriers, pour lancer des pierres, pour verser des matières fondues, etc. Les pierres de ces murs sont remarquables sous un autre rapport. On y trouve beaucoup de fragmens antiques, des bas-reliefs, des corniches, des tronçons de colonnes cannelées, des inscriptions, etc. Le musée de Langres consiste dans ces murs, et on y découvre des morceaux très-curieux ; quelques-uns m'en paraissent être antérieurs au règne des Romains dans cette contrée. Tel est, par exemple, un Gaulois à cheval, sans selle et sans bride ; il est revêtu du sagum, et se tient des mains au cou de l'animal. Un autre bas-relief représente un homme de la taille d'Hercule, se tenant debout sur un poisson qui ressemble à un dauphin ; derrière sa tête plane un aigle. Sur un autre on voit une femme nue qui étend ses bras pour tenir un voile dont elle semble vouloir se couvrir. Un autre présente un Gaulois qui appelle à lui un âne ; il y a un instrument qui va de sa main jusqu'aux pieds de l'animal : mais il est si grossièrement fait, ou plutôt tellement dégradé, que je n'en ai pu découvrir l'usage. Il en est de même d'une inscription à demi-effacée, dans laquelle on reconnaît quelques lettres grecques.

On ne peut pas examiner commodément ces murs en dehors; il est probable que de ce côté ils renferment encore d'autres bas-reliefs. Malheureusement ces antiquités sont exposées à l'injure du temps et des hommes; elles se dégradent de plus en plus : et si la ville ne se hâte pas de les détacher des murs et d'en faire un musée, bientôt elle ne pourra plus en jouir.

Il est à remarquer que plusieurs villes de France ont eu des murs construits de débris de monumens, à peu près comme Thucydide décrit les murs d'Athènes, relevés à la hâte après la retraite des Perses, et composés *de pierres mal jointes, mal taillées, et entremêlées de colonnes sépulcrales et de blocs ornés de sculpture.* Liv. I. Auxerre, Dijon, Périgueux, Troyes et Narbonne, offrent cette particularité. On voit que les murs de toutes ces villes ont été élevés à la hâte, pour soustraire les cités à des destructions semblables à celles dont provenaient les débris des monumens. M. Grosley présume, avec beaucoup de fondement, que cette reconstruction hâtive fut celle que l'empereur Lollien fit faire à ses soldats, après l'invasion des Allemands, sous Chrocus, et qui lui coûta la vie, puisque les soldats, excédés des fatigues de ce travail, le mirent à mort, selon l'assertion de Trebellius Pollion. « Dans ce travail tumultuaire, dit Grosley, au milieu des débris des anciens édifices et des monumens de l'antiquité renversés par Chrocus, il est aisé d'imaginer comment et pourquoi on fit entrer ces débris dans les nouvelles constructions. On était d'autant plus obligé d'en tirer parti, et suivant l'expression proverbiale, de faire de la terre le fossé, que les villes gauloises n'étaient bâties qu'en bois, et que les circonstances ne permettant pas d'aller chercher, souvent fort loin, la pierre nécessaire, l'opération eût manqué si l'on n'y eût employé tout ce qui se trouvait à la main ; les Gaulois dûrent s'en occuper de préférence à la reconstruction de leurs habitations, dont les nouveaux remparts faisaient la sûreté capitale. » Ces nouvelles fortifications eurent, sur le sort des villes, un effet que les habitans n'avaient pas prévu; car, tandis que les habitans des campagnes se soulevèrent contre les Romains, et formèrent ces ligues connues dans l'histoire, sous le nom de *bagaudes*, les citadins étaient aisément contenus dans leurs murs par les garnisons romaines, et ne purent secouer leur joug.

Auprès de la porte du marché, hors de la cité, on voit encore le reste d'un arc de triomphe appuyé contre le mur de la ville ; il paraît que pour ne pas interrompre le mur en cet endroit, on a enlevé la moitié de l'arc, et ce qui en reste a été gâté, de manière qu'on ne peut plus juger de son état ancien. On a souvent trouvé des inscriptions, des médailles, des urnes, des fragmens de statues, et d'autres antiquités au-dedans et auprès de la ville. On en voit dans les cabinets de plusieurs particuliers de la contrée. Il y a des paysans qui conservent soigneusement de petites statues romaines que leurs ancêtres ont trouvées, et qu'ils ne veulent pas céder, prétendant qu'elles portent bonheur à leur maison ; ainsi les dieux lares jouissent encore de leur ancienne réputation dans le dix-neuvième siècle du Christianisme. Du temps des Romains, Langres avait un théâtre ; il n'en reste aucun vestige :

elle a aujourd'hui une petite salle de spectacle, mais on y joue rarement.

Langres a deux hospices, et en outre une maison de charité entretenue aux frais des particuliers, à laquelle on donne le nom de *marmite*, parce qu'on y fait des bouillons pour les pauvres malades en ville.

Je dois faire mention ici d'une donation singulière qu'un ancien militaire, appelé, je crois, M. de Tornay, a faite à la ville récemment, et peu de temps avant sa mort. Cet homme qui aimait, comme tous les rentiers désœuvrés de Langres, la promenade couverte, et qui était choqué du défaut de propreté qui y régnait, légua, dans son testament, une somme dont les rentes doivent être employées en tout temps au nettoyement de cette promenade. Je ne sais si ses compatriotes l'ont remercié de cette galanterie ; elle mériterait bien un petit monument dans cette même promenade, devenue propre grâce à son legs. — Au midi de la ville est le beau côteau de Brevoine, couvert d'arbres fruitiers. Le village de ce nom fournit en été des fromages frais, très-estimés à Langres. Plusieurs rivières ont leurs sources dans les côteaux qui touchent à cette ville. Telles sont la Marne qui vient de Balème, à l'est et à deux lieues de Langres ; la Suize, qui sort de Courcelles en Mortagne ; la Meuse, venant du village de Meuse auprès de Montigny ; la Vingeanne, la Tille, etc.

De Langres à Vesoul il y a une journée de chemin. On descend d'abord plusieurs heures de suite, jusqu'à Fayl-Billot, petite ville située à peu près au milieu de la route, entre ces deux villes. Il y avait une foire lorsque nous y arrivâmes ; j'aurais presque cru entrer dans un pays étranger, si je n'avais jugé que d'après le langage des paysans. Ce n'est plus la langue française; c'est un autre idiome, auquel le Français ne sert que de base. On remarque déjà une altération dans le langage et des mots étranges à Langres, même dans le style écrit et dans les bureaux. Une *papeterie* y est une *papétrie;* sur les affiches, un champ pris à bail est nommé *terrage amodié par bail authentique à trois émines, deux bichets.* Des semailles d'hiver ou de printemps, à vendre, y sont des *emblaves à relaisser.* Mais c'était bien pis à la foire de Fayl-Billot ; j'avais de la peine à comprendre les conversations des paysans, et il me fallait recourir aux analogies, pour en saisir quelques mots. Par exemple, un paysan qui voulait acheter une truie, qu'une femme tenait attachée par une corde, commença par tourner tout autour, regarda l'animal, et fit ensuite, d'un ton moqueur, cette exclamation : *ó qué cochonet! pas plus gros que mon brai. On vet à travers comme à mon mouchou!* La femme répondit gravement : *Nenni, ç'é une brave béte, elle o bine bé.* Quand le paysan vit que sa satire ne faisait rien diminuer du prix de la bête, il conclut le marché en tappant dans la main de la femme. J'ai appris depuis que cet *elle o binc bé*, signifie : elle est bien belle.

Derrière Fayl-Billot, cesse le département de la Haute-Marne, et on entre dans celui de la Haute-Saône.

CHAPITRE III.

VESOUL.

Dès que l'on entre dans le département de la Haute-Saône, le paysage change; ce ne sont plus de simples côteaux qui bordent la route, comme entre Chaumont et Langres; ce sont de petites montagnes, et dans le lointain on aperçoit les pointes bleuâtres du mont Jura. Une des montagnes que l'on a sur la droite, s'appelle la Roche noire; elle ne se distingue des autres, que parce que César y a campé. Au bout d'un vallon qui donne naissance à la source de Gourgeonne, est situé le village de Gourgeon, qui en tire le nom. Le village de Combeau-Fontaine, que l'on traverse ensuite, s'appelle ainsi, parce qu'il est situé dans un fond auprès d'une source. Port-sur-Saône a une position très-agréable. Cette petite ville, qu'on dit être fort ancienne, est située des deux côtés de la Saône qui, dans cet endroit, forme une espèce d'arc; mais entre la rivière et les maisons, il y a des prés. Ce mélange d'eau, de verdure et de maisons, forme un coup-d'œil charmant. La ville fait un commerce assez actif sur la Saône.

Après avoir monté la côte qui suit cette petite ville, on ne tarde pas à remarquer, dans le lointain, la motte de Vesoul, comme une pyramide construite au bout de la route. Une chaîne de collines forme un demi-cercle derrière cette montagne qui cache toute la ville de Vesoul.

La route se dirige en droite ligne sur la motte; on contourne la partie à droite; mais on ne voit la ville que lorsqu'on est devant la porte.

La base de la montagne est très-large et occupe beaucoup de terrain; le sommet en est pointu et dégarni d'arbres. On n'y voit plus la grande croix qui y était autrefois élevée. Au pied de la montagne coule le Drugeon, qui, après avoir tourné autour de la partie méridionale, continue son cours à travers une jolie vallée, jusqu'à la Saône. Cette vallée est bornée par la chaîne de collines dont je parlai tout à l'heure, et qui suit entièrement le cours de la rivière. La ville est resserrée entre la motte et la rivière; une partie en est bâtie sur le penchant de la montagne. Quoiqu'elle soit le chef-lieu du département, elle est petite, n'ayant que cinq mille habitans, et outre l'église, l'hôtel-de-ville et les casernes, elle n'a aucun grand édifice. Cependant toutes les maisons sont bâties en pierres, et l'extérieur en est assez agréable. Un canal du Drugeon traverse la ville. Cette rivière est petite, fort trouble, et coule lentement. Un des principaux poissons du Drugeon, c'est la lotte, qui a une grosse tête et une peau semblable à celle d'un serpent.

Vesoul renferme un grand nombre d'auberges et de cafés; il y a peu de petites villes où l'on trouve autant d'hôtelleries, ce qui vient probablement du voisinage des eaux de Luxeuil, qui, dans la belle saison, attirent beaucoup de monde.

La position de Vesoul est tout l'opposé de celle de Langres : autant cette ville-ci est élevée et dégagée de tous côtés, autant Vesoul est profond et enfermé entre les montagnes; de quel côté qu'on tourne la vue, on voit des collines labourées ou arides;

les arbres y sont rares. Dans la vallée de Drugeon, qui n'est qu'une suite de prairies, l'air est embaumé de l'odeur du foin frais, et de toutes parts on entend le bruit des faulx. Dès qu'on est sorti de la porte du Drugeon, on entre dans le cours, jolie promenade le long de la rivière; et de là on passe de plein pied dans les pâturages, où l'on peut marcher dans toutes les directions. Cette excursion est extrêmement agréable le matin et le soir; l'odorat est frappé alors partout d'un parfum suave que n'égale aucune odeur artificielle. L'abondance des fourrages a fait choisir Vesoul pour un dépôt de cavalerie, et on y entretient en général beaucoup de chevaux.

Le lendemain de mon arrivée, il y avait un marché de bestiaux : la grande place et les principales rues étaient obstruées; le nombre de chevaux qu'on y amenait était très-considérable. Un jury en choisit les plus beaux pour les faire concourir pour la prime d'encouragement. Deux chevaux superbes qui balancèrent l'opinion du jury, furent amenés au cours. C'était d'un côté un cheval de campagne, extrêmement vigoureux, avec de gros sabots, une forte encolure et une longue crinière. De l'autre côté c'était le contraire ; une jument d'une taille délicate, des jambes fines et d'une grande souplesse. A la vue de ce joli animal, le coursier campagnard fut saisi de transports si violens qu'on put à peine le tenir, et qu'il mit en fuite jury et spectateurs. La fierté et la fougue naturelles du cheval, étaient portées au plus haut degré dans cet animal, et jamais la belle description que Buffon en a faite, ne m'a paru plus exacte que dans ce moment. Le jury ne pouvant se décider entre les deux beaux animaux, partagea le prix.

Sur la place publique s'offrait un autre spectacle. Les productions de l'industrie villageoise et des fabriques des villes, y étaient étalées pêle mêle.

On y voyait de fort jolis ouvrages en bois de sapin du Jura, entr'autres de petites cuves faites avec une netteté et une sorte de goût qui devraient les faire rechercher dans les grandes villes, si nous n'étions pas trop dédaigneux pour tout ce qui se fait chez nous, et à peu de frais. Le luxe a beau renchérir sur la simplicité, il a beau inventer les vernis, les peintures, les dorures, les placages; il ne fera jamais faire des vases plus propres, plus légers et plus durables que ces jolies petites cuves, en bois blanc, que font les paysans de la Franche-Comté. Auprès de ces paysans, un marchand d'estampes avait étalé un singulier mélange de gravures. A côté d'une image de saint, barbouillée de couleur, étaient suspendues des carricatures de la rue du Coq, à Paris. C'étaient de vraies énigmes pour les paysans qui ne connaissant point les mœurs et les usages auxquels elles faisaient allusion, les regardaient avec un étonnement stupide.

Un petit libraire offrait aux passans, des *Heures* et quelques mauvais romans. Mais ce qui fixa le plus ma curiosité, ce fut un homme qui, du haut d'une voiture, haranguait le peuple. Au-devant de cette voiture était dressée une perche, avec quelques centaines de peaux de rats; derrière la voiture s'élevait une perche semblable. C'étaient les trophées de l'orateur; et en parlant il montrait fréquemment, avec quelque orgueil, ces dépouilles nombreuses. C'était un marchand de mort-aux-rats. Après avoir parlé longuement sur ses drogues, dont l'efficacité était suffisamment prouvée par les deux perches, il passa, par une transition oratoire, à des animaux plus chétifs, les punaises, et distribua le prospectus d'un nouveau moyen de les détruire. Je ne veux pas dérober aux lecteurs le début de ce morceau d'éloquence, dont j'ai, par curiosité, gardé un exemplaire.

« Que d'essais infructueux n'avait-on pas faits jusqu'ici pour se délivrer de ce misérable insecte, si nombreux, qui blesse les yeux par sa forme hideuse plate et dégoûtante, porte l'infection partout où il passe, se plaît à enlever à l'homme les douceurs du repos, à le tourmenter, à le déchirer et à s'enivrer de son sang ! Au moment où l'on va se jeter dans les bras du sommeil, les punaises accourent avec précipitation, se laissent tomber des rideaux et du ciel de lit, enfoncent leur trompe cruelle, pour puiser à longs traits le sang dont elles sont avides; il en coûte pour les écraser: l'odorat en est affecté, les yeux frappés, le cœur soulevé; l'infection que suit toujours un tel meurtre, leur assure souvent l'impunité, et l'homme est quelquefois obligé, malgré lui, d'épargner l'objet de son exécration. »

J'allai voir ensuite un très-beau jardin, qu'un pharmacien, M. Réal, a établi au bout de la ville. Il en permet l'accès aux bourgeois et aux étrangers, et le jardin vaut la peine d'être visité. C'est un ancien pré dont on a exhaussé le sol. On y jouit, au milieu des fleurs et des fruits, de la vue agréable des pâturages qui entourent la ville, du Drugeon qui les traverse, et des collines qui les bordent.

Ce jardin touche aussi à une promenade publique, au bout de laquelle on a construit de jolis bains. Les grands parterres de ce jardin sont plantés d'arbres fruitiers nains, et les plate-bandes qui les encadrent, sont ornées de fleurs et de plantes exotiques. M. Réal pense, avec raison, que si, dans un jardin d'agrément, on veut joindre l'utile à l'agréable, on ne peut mieux faire que d'y introduire la culture des pommiers et poiriers nains, qui fournissent beaucoup de fruits et flattent la vue au printemps par leur floraison, et en été et en automne par leurs productions délicieuses.

Je regrette de n'avoir pas fait connaissance avec M. Peignot, bibliothécaire de la ville, connu par plusieurs ouvrages bibliographiques.

Il part de cette ville, pour Besançon, une diligence et un courrier de la malle ; mais la malle, dans ce pays, est un char à banc fort commode, qui peut contenir six personnes, trois de chaque côté; car ce char est partagé en deux, par un mur mitoyen. On dirait deux sophas joints par leurs dossiers. Ce genre de voiture, quelque bizarre qu'il soit, a beaucoup d'avantages : on évite les dangers des montées et des descentes, si pénibles dans les diligences. On s'appuie comme on veut, et on ne risque pas de verser. Mais dans un pays pittoresque comme la Franche-Comté, les chars à banc ont l'inconvénient de ne jamais faire voir que la moitié des paysages, et on perd souvent un coup-d'œil magnifique, parce qu'on tourne le dos au beau côté.

Le char à banc de Besançon, part de Vesoul à dix heures du soir, et arrive le lendemain matin à six heures, dans le chef-lieu du département du

Doubs. Comme tout le voyage se fait la nuit, je ne puis parler de la route, qui d'ailleurs n'est connue par aucune particularité.

A cinq heures du matin, j'aperçus les rochers formidables qui enferment Besançon ; ils paraissaient plus imposans qu'à l'ordinaire, à cause du temps nébuleux qu'il faisait. La lune pâlissait au-dessus de la montagne de Chaudâne ; elle semblait s'arrêter avec complaisance sur le rocher qui lui était jadis consacré, si toutefois l'étymologie de Chaudâne, *collis Dianœ*, mont de Diane, est exacte. La route avait une pente considérable vers la ville ; et plus on descendait, plus les masses de rochers paraissaient s'élever et se resserrer. Les souvenirs de César, de Charles-Quint, de Louis XIV, se réveillèrent en moi. A cause des brouillards, la forteresse semblait se cacher dans les nues : déjà nous étions à la porte de la ville. Ce n'était plus que des masses de pierres : les portes, les maisons, les murs étant tous bâtis en grosses pierres de roche, et dominés par ces hauts rochers qui en ont fourni les matériaux, faisaient sur moi une impression singulière, que je n'ai éprouvée à la vue d'aucune autre ville. Tout me paraissait gigantesque et bâti pour l'éternité, dans cette vieille ville, riche de tant de souvenirs. Cette Besançon, que César appelait déjà une des plus fortes villes de la Gaule, l'est encore, après plus de dix-huit siècles, et il ne tient qu'à elle de se fortifier encore davantage ; les rochers qui la protégent fourniraient assez de pierres pour la couvrir de triples remparts.

Quelque désir que j'éprouvasse de visiter l'intérieur de cette ville, je préférai, cependant, de partir avec un char à banc, prêt à se rendre à Pontarlier. Je voulais visiter le Val-Travers et Neufchâtel, et revenir par Morteau à Besançon.

On emploie une journée pour aller de cette ville à Pontarlier, une des villes limitrophes de la France, du côté de la Suisse. Dès qu'on est sorti de Besançon, on longe ces énormes pans de rochers que j'avais aperçus de loin. Ce sont des blocs sillonnés ou creusés de diverses manières par les pluies; ils sont, pour la plûpart, escarpés, et l'œil n'atteint pas sans frayeur leurs sommets élevés. La route monte assez rapidement, et au bout d'une bonne heure, on jouit déjà de la vue d'une partie du cours du Doubs. On est élevé quatre à cinq cents pieds au-dessus de cette rivière qui tourne rapidement autour de plusieurs montagnes arides. La ville de Besançon ne paraît plus qu'un petit tas de pierres

6.

amassées aux bords de cette rivière et au pied des rochers.

Bientôt la route s'enfonce entièrement dans les montagnes; la contrée prend un aspect plus sauvage : tantôt on gravit péniblement, tantôt il faut descendre une pente rapide. Les rochers prennent toutes sortes d'aspects: il y en a qui ressemblent à des châteaux forts à demi-ruinés ; d'autres sont en partie cachés sous des buissons, et ne se montrent à la vue que de distance en distance. Le temps qui avait été fort sombre au point du jour, devint encore plus mauvais quand je traversai cette espèce de désert, et enfin il tomba une pluie très-forte. Je fus alors témoin d'un singulier effet de l'humidité dans les montagnes. Il s'élevait en colonnes une fumée très-épaisse, du fond de la vallée jusqu'aux forêts qui couronnaient les rochers. On aurait dit des villes entières incendiées, si cette fumée n'avait pas été d'une grande blancheur.

Au bout de ces défilés est située la petite ville d'Ornans sur la Loue.

La pluie ne me permit pas d'aller voir le puits de la Brême, grande ouverture naturelle, située à une lieue d'Ornans, auprès de la grande route. Ce puits inonde quelquefois subitement les pays d'alentour ; mais comme il y a peu d'habitans dans cette contrée montagneuse, les inondations du puits ne causent heureusement que peu de mal.

Après Ornans la route monte considérablement, et la vue s'étend sur des champs cultivés, les montagnes ne paraissant plus que dans le lointain. Quand on a passé la grange d'Alène, qui est un relai de poste, on voit encore sortir de la terre les bases de quelques rochers, mais elles sont peu élevées. On descend ensuite assez rapidemont dans une vaste plaine, au bout de laquelle est située la ville de Pontarlier. Cette plaine est traversée par le Drugeon, qui paraît dans cette contrée aussi bourbeux qu'à Vesoul. C'est un véritable phénomène qu'une rivière, d'une eau lente et trouble, au milieu d'une contrée où l'on voit jaillir de toutes parts des sources d'une eau vive et pure.

Pontarlier est acculé aux montagnes qui bordent la plaine : le Doubs passe auprès de la ville et y fait aller plusieurs moulins : il fournit ici, comme dans le reste de son cours, des truites excellentes. La ville ne consiste, pour ainsi dire, que dans une seule rue, large et régulière, qui aboutit à cette rivière. Le nombre des habitans se monte tout au plus à quatre mille.

Le son des cloches annonçait déjà, au milieu de la nuit, la fête de la nativité de Notre-Dame, qu'on célébrait le lendemain de mon arrivée. En passant auprès de l'église, à l'heure de l'office, je fus étonné de trouver, non-seulement l'intérieur rempli de monde, mais encore une foule de paysans agenouillés devant les croisées et les portes. Si la piété, me disais-je, diminue dans les grandes villes, elle trouve du moins un asile dans ce coin de terre. Mais je fus bien détrompé, lorsque j'entendis de loin un fragment du prône. Tacite ne peint pas de couleurs plus sombres la corruption de Rome, que le prédicateur peignit celle de la petite ville de Pontarlier. Non, s'écria-t-il, le service de Marie n'a plus de partisans. Les hommes se livrent à l'impiété, au jeu, à la boisson, aux juremens et à toutes les débauches; les femmes sont déhontées, l'éducation des enfans est négligée. *Vous entendez dans les ruelles, leu*' *cris, leu's injures, leu' batailles!* Je m'en allai tout effrayé de ce tableau, et je regardai dans toutes les *ruelles* pour savoir s'il ne s'y livrait pas quelque bataille d'enfans. Au détour d'une petite rue, j'en vis une troupe, courant, poussant des cris et proférant des mots que je ne pus entendre. Voilà, me disais-je, le tableau du prédicateur en action; mais en m'approchant, j'aperçus que ces enfans escortaient, en raillant, une jeune dame qui portait une coiffure énorme: je ne crois pas trop dire en lui donnant quatre pieds de circonférence. Une personne qui passa, m'apprit que cette jeune femme était la fille d'une dame âgée qui avait la fantaisie de s'habiller et de faire habiller sa fille, comme au temps de Louis XIV. Cette coiffure était, je crois, du genre de celles qu'on appelait coiffures à la Fontanges.

Le temps avait été trop nébuleux
dans la matinée, pour que je pusse
aller au Mont-d'or, voir le lever du
soleil, le plus beau spectacle dont on
jouisse dans cette contrée. Cette montagne est aussi renommée pour ses
fromages. Le nombre des fromageries
ou fruitières, dans l'arrondissement
de Pontarlier, se monte à plus de
deux cents; il y a des villages qui en
fabriquent annuellement dix mille livres. Toute grande fromagerie peut
fournir quatre-vingts quintaux par an :
les paysans qui n'ont pas le moyen
d'établir eux-mêmes une fromagerie,
fournissent journellement le lait de
leurs vaches à un *grurin* ou froma-
ger, qui leur en tient compte, et les
paye en fromages, à la fin de la belle
saison. En temps de paix, cet arrondissement expédie des quantités considérables de cette denrée pour les
ports de mer.

M. Droze, auteur d'une Histoire de Pontarlier, assure que dans les montagnes on retrouve encore les traces des usages grossiers du peuple bourguignon qui, comme on sait, s'était emparé aussi de la Franche-Comté. Je suis porté à le croire, d'après une coutume dont des personnes âgées ont encore été témoins dans ce pays. C'est qu'à la mort des personnes un peu fortunées, on faisait de grands régals, auxquels on donnait la dénomination grossière de *repas des tripes*.

Une excursion que les voyageurs manquent rarement de faire quand ils viennent à Pontarlier, c'est de voir la fontaine ronde, située à une lieue et demie de la ville. Le chemin qui y conduit, et qui passe entre deux chaînes de montagnes, est aussi uni que les boulevarts de Paris. Le murmure des eaux qui tombent sur les roues des moulins à scies, vous accompagne jusqu'à la fontaine. De part et d'autre, la vue est bornée par les montagnes et par les sapins qui les couvrent. A une demi-lieue de la ville, les deux rochers sillonnés par les pluies et dépouillés de leur verdure, resserrent le chemin, au point que deux voitures peuvent à peine y passer. Il est vrai qu'un mur qu'on y a bâti, contribue à rendre le chemin plus étroit. Sur un de ces rochers est construite la forteresse de Joux; le rocher est presque à pic; un sentier étroit et pénible à gravir, conduit jusqu'au sommet qui forme un plateau assez large; les murs et les bâtimens s'avancent jusqu'au bord du roc. Malgré cette position effrayante, quelques prisonniers de guerre ont eu, il n'y a pas long-temps, l'audace de descendre à l'aide de cordes. La forteresse est maintenant gardée par des vétérans hollandais; on y tient enfermés plus de cent officiers espagnols qui, s'étant échappés des villes qu'on leur avait assigné pour demeures, ont été repris avant qu'ils fussent parvenus à la frontière. Il y a dans le fort un puits dont le fond, dit-on, est de sept toises au-dessous du niveau du Doubs. On a pratiqué aussi dans l'intérieur du rocher, un escalier qui sort auprès d'un hameau du voisinage. Le fort de Joux semble être situé dans un désert, et si on ne voyait pas de loin le clocher de Pontarlier, et quelques maisons au bas du rocher, on se croirait loin du monde habité.

Comme le chemin tourne toujours entre les montagnes, on perd bientôt de vue le rocher avec le fort, et après une heure de marche on arrive à un petit pré dans lequel est la source de la fontaine intermittente, dont la singularité consiste, comme on sait, en ce qu'elle ne coule que par intervalles. La France a beaucoup de sources qui offrent le même phénomène. De nombreuses traces de pieds d'hommes, imprimés dans le sol du pré, font voir que la foule des curieux qui visitent la fontaine ronde, est très-grande.

La disparution du soleil derrière les montagnes, m'avertit qu'il était temps de quitter cette espèce de défilé, où la nuit commence presque une heure plutôt que dans la plaine.

CHAPITRE IV.

LE VAL-TRAVERS.

Un cocher du Val-Travers, part deux ou trois fois par semaine, de Pontarlier pour Neufchâtel : c'est un voyage de huit heures ; on se met en route à sept ou huit heures du matin, et on arrive au terme du voyage, avant quatre heures de l'après-midi. Jusqu'à Motiers on a un très-bon cabriolet ; mais depuis ce village, il faut se contenter d'un char à banc. Dès qu'on est sorti de la porte de Pontarlier, on entre dans les montagnes, en laissant le château de Joux sur la droite. On voit fréquemment, sur la route, des fontaines rustiques. Ce sont des tuyaux de bois, enfoncés horizontalement dans la terre, par lesquels l'eau s'écoule dans des augés ou des troncs d'arbres creusés. Ces sources, dont les eaux pures et fraîches seraient d'un prix inestimable dans un désert de l'Arabie, sont si communes sur la grande route, qu'on peut y établir autant de fontaines qu'on veut.

Au village de Verrières est la douane française : on quitte alors le sol de l'Empire pour entrer dans la principauté de Neufchâtel. Aussi appelle-t-on ce village, les Verrières françaises ; pour le distinguer des Verrières suisses, premier endroit de la principauté. Quoiqu'il n'y ait, entre ces deux villages, que la distance d'une petite lieue, ils diffèrent considérablement : le village suisse, composé de maisons peintes en dehors, propres et bien entretenues, a quelque chose de riant qui manque au village français. On remarque bientôt qu'on est en Suisse. Une autre circonstance me prouva que nous avions changé de pays. Dans les premiers villages que nous traversâmes, plusieurs habitans nous arrêtèrent pour nous demander si nous apportions des nouvelles politiques, si on avait publié un bulletin, etc., etc. C'est ainsi que les Gaulois entouraient les étrangers, pour apprendre d'eux ce qu'il y avait de nouveau.

Jusque là nous avions toujours monté : bientôt nous aperçûmes le Val-Travers, situé à une grande profondeur, et ses deux chaînes de montagnes qui se prolongeaient devant nous. Pour descendre dans cette vallée, il fallait passer une espèce de défilé entre deux murs de rochers. C'est dans ce défilé que l'on voit encore la grosse chaîne de fer par laquelle les bons Suisses fermaient autrefois leur pays quand les Bourguignons approchaient.

La descente dans la vallée est fort longue et rapide. Quoique le chemin soit très bon, il est plus prudent et plus agréable d'aller à pied ; on jouit alors mieux du coup d'œil de la vallée. Les villages de St-Sulpice, Motiers, Travers, Couvet et autres, entremêlés de jolis jardins et du cours de la Reuse que l'on voit briller çà et là, forment le milieu d'un charmant tableau auquel les rochers et les forêts de sapins servent d'encadrement. Les diverses teintes des montagnes et la manières dont elles sont éclairées, ajoutent à la variété de la vue. Dans les pays de montagnes on a un mot particulier pour désigner une vallée profonde qui n'est qu'un enfoncement entre deux montagnes ; c'est celui de *combe* : il mériterait d'être adopté dans le bon langage, qui a d'ailleurs conservé un de ses dérivés, *combler*. En me servant de ce mot, je dirais donc que le Val-Travers est une combe de trois à quatre lieues de long entre deux branches du Jura, qui s'étendent jusqu'au lac de Neufchâtel. Le commencement de ce long détroit pourrait encore conserver le nom de vallée, puisque c'est une petite plaine bordée de montagnes; mais à mesure qu'on avance, on voit les rochers se rapprocher. Le sol se penche considérablement vers la Reuse qui passe au milieu, et dans quelques endroits cette rivière coule dans un précipice. Rousseau a fort bien observé que la combe étant plus élevée au fond qu'à l'entrée, la Reuse a été forcée de creuser davantage au bout de son cours, pour arriver au lac de Neufchâtel, où elle a son embouchure. Auprès de sa source elle est presque de niveau avec le sol; mais après avoir parcouru l'espace de trois lieues, elle a des bords élevés de quarante à cinquante pieds. Il est probable que la Reuse ait formé cette vallée; peut-être aussi la rivière ne fait-elle que suivre la route frayée par un courant maritime, dans le temps que ce pays était encore sous les eaux. Elle sort en bouillonnant et en écumant, d'une grande ouverture au pied d'un rocher, environ 80 pieds plus bas que le grand chemin; à peu de distance de là elle fait aller des moulins. Rousseau aimait beaucoup cette source cachée en partie par les broussailles. «La fraîcheur continuelle, le bruit, les chûtes, le cours de l'eau m'attirant l'été à travers ces roches brûlantes, me font, dit-il, souvent mettre en nage, pour aller chercher le frais près de ce murmure, ou plutôt de ce fracas, plus flatteur à mon oreille que celui de la rue St-Martin.»

On arrive au village de St-Sulpice,

en passant entre des potagers et des vergers qui rappellent les villes allemandes, presque toujours entourées de jardins et d'arbres fruitiers. On ne croit pas être sorti encore des dépendances de ce village, qu'on entre déjà dans celui de Motiers. Le propriétaire de la voiture y avait sa demeure. Il détela paisiblement son cheval et disparut, en me disant que je trouverais plus loin une auberge si je voulais déjeûner. Ailleurs ce sont les aubergistes qui vont au-devant des voyageurs ; mais ici c'est le contraire. Le Val-Travers n'est fréquenté par les curieux qu'en temps de paix ; et la plupart des voyageurs y entrent du côté de Neufchâtel ; il n'est donc pas étonnant qu'on montre, à Motiers, peu d'empressement pour accueillir un étranger.

J'étais plus curieux de chercher la maison de Jean-Jacques, qu'une auberge. Elle était à dix pas de la demeure du voiturier : le souvenir seul qui y est attaché la rend remarquable. Elle est telle que Rousseau la décrit dans sa lettre au maréchal de Luxembourg : grande, assez commode, et munie, en dehors, d'une galerie avec un toit. Rousseau s'y promenait dans les mauvais temps. On lit dans quelques recueils d'anecdotes, qu'il avait fermé cette galerie par des planches, et qu'il voyait les passans par les fentes qu'il y avait ménagées. J'ai peine à croire à cet excès de misantropie. Cette galerie donne sur une petite rue peu fréquentée; le soin de se cacher était donc superflu. Il faut se défier de ce que racontent, de cet homme célèbre, les habitans du Val-Travers. Accoutumés aux questions des étrangers, ils répondent ce que bon leur semble, et ils ne savent, pour la plûpart, que ce que les voyageurs eux-mêmes leur ont appris. Du reste, je suis loin d'absoudre cet illustre infortuné, des accusations de misantropie. Il s'est accusé lui-même en attribuant aux habitans de Motiers, le projet de le lapider. On sait actuellement qu'une brouillerie de sa gouvernante avec les commères du village, et quelques pierres jetées par des enfans, à son chien, sur la galerie de la maison, furent la cause de ses plaintes et de sa fuite. Je n'ose pas souscrire à l'opinion d'un auteur étranger, qui pense que le philosophe Génevois saisit avidement une occasion de faire époque dans l'histoire, par une fuite semblable à l'hégire de Mahomet.

Une anecdote rapportée dans la relation d'un voyage en Suisse, prouverait que Rousseau apportait dans cet asile toute son humeur, s'il n'en convenait pas lui-même dans plusieurs endroits de ses écrits. Un père de famille de ce pays, s'était empressé d'élever ses enfans selon le système du précepteur d'Emile : il abandonnait ses filles aux soins de la nature, les laissait courir dans les bois, leur permettait de se nourrir de fruits sauvages, se gardait scrupuleusement de leur imposer la moindre gêne, ou de leur faire apprendre la moindre chose, et les élevait, en un mot, en vrais enfans de la nature. Au milieu de cette belle éducation, il ne put s'empêcher d'aller rendre ses hommages à son maître, et de lui apprendre que le précepteur d'Emile avait formé des disciples. Rousseau, après avoir écouté ses complimens, lui dit brusquement : Ce n'est pas ce que vous avez fait de mieux; j'en suis fâché pour vos filles. Ces mots rendirent le pauvre père de famille stupéfait; il quitta le philosophe et son Emile, et éleva dès-lors ses enfans comme il avait été élevé lui-même.

Sur un banc de pierre, devant la maison de Rousseau, était asise une jeune mère qui allaitait son enfant ; si elle avait été plus âgée, j'aurais pu croire que c'était une de ces jeunes filles à qui le philosophe distribuait autrefois des lacets, sur ce même banc, pour les engager à nourrir un jour elles-mêmes leurs enfans. Presque devant la maison est une fontaine en forme de colonne ; c'est la même dont Rousseau dit qu'elle faisait, par son bruit, une de ses délices. Je n'ai pu découvrir la cascade qui tombait par l'escarpement des rochers, dans le vallon, vis-à-vis ses fenêtres ; peut-être ne paraît-elle qu'en hiver. Le vieux château de Motiers, situé sur une hauteur isolée, n'attirerait probablement plus aujourd'hui le philosophe, s'il vivait encore, dans ses promenades du matin ; car ce château sert maintenant de prison. On n'est pas habitué à voir une prison dominer un village, et un logis de malfaiteurs dans un endroit aussi pittoresque. Mais si les coupables, dans ce village, ont un logis singulier, la justice est logée encore plus singulièrement. On ne devinerait jamais qu'à Motiers, Thémis a son trône dans un cabaret.

Telle fut, cependant, la découverte que je fis en me promenant. Je voulus chercher une auberge pour déjeûner, et en suivant les indications du voiturier, j'arrivai à une vaste maison avec une espèce de halle ; mais au lieu d'une enseigne, j'y remarquai un carcan. Croyant m'être trompé, je parcours tout le village ; nulle part je ne vois une auberge ; je demande enfin, et on m'indique la maison avec le beau collier en fer, suspendu à des chaînes. Je n'avais jamais vu un carcan servir d'enseigne; cependant, puisque les villageois m'indiquaient cette maison comme une auberge, j'y entrai. Le rez-de-chaussée n'était point habité; il fallait monter au premier, par une cuisine très vaste. On me fit entrer dans une grande pièce meublée d'une manière particulière. Un banc faisait le tour de la chambre; dans le fond était une table avec une énorme écritoire, et derrière la table, était cloué, sur le banc, un fauteuil tout en bois. J'eus le choix de m'asseoir dans ce fauteuil ou sur une sellette placée devant la table. Je demandai quelle était cette salle si singulièrement ornée : c'est, me répondit-on, la chambre de justice. J'appris alors que, par une alliance très-bizarre, cette maison est à la fois l'hôtel de la commune, l'auberge et le cabaret du village.

En revenant chez le voiturier, je trouvai son char à banc prêt à partir. Il n'y a pas de voiture plus maussade dans un pays aussi curieux que celui-ci, et j'ai cent fois regretté de ne pas avoir parcouru, à pied, tout le Val-Travers. On ne voyait que le côté gauche de la vallée, et comme la route passait souvent au pied des rochers, il en résultait qu'on ne voyait presque rien. Lorsque je voulais regarder autour de moi, il fallait descendre, et c'est ce que je fis, malgré les murmures du cocher.

Le village de Travers est aussi bien bâti que Motiers : il y a des maisons qui feraient honneur à de grandes villes, et à peine y voit-on deux ou trois de ces misérables chaumières dont se composent les villages dans d'autres pays. La fabrication de la dentelle, des fromages, des horloges et des montres répand une aisance qu'on est surpris de rencontrer dans un pays dont l'aspect est presque sauvage. Alors, comme dit Jean-Jacques, on ne croit plus parcourir des déserts, quand on trouve des clochers parmi les sapins, des troupeaux sur des rochers, des manufactures dans des précipices, des ateliers sur des torrens. La Suisse est probablement le seul pays où les arts du luxe se cultivent dans des contrées que la nature ne semble même pas avoir rendu habitables. On voit dans le Val-Travers, des maisons entre d'énormes rochers qui ne leur accordent qu'un jour de quelques heures, et des torrens qui menacent de les entraîner dans leur débordement. On s'imagine que la dernière misère a pu, seule, engager les hommes à s'établir dans un site aussi affreux : on éprouve un sentiment penible en ouvrant la porte, parce qu'on s'attend à voir un tableau propre à exciter la pitié, et on est tout surpris de trouver le nécessaire rangé avec goût et propreté. En entrant dans la principale chambre, on y voit plusieurs demoiselles bien mises, faire de la dentelle, comme dans un atelier de Paris, ou des horlogers travailler dans une boutique bien montée.

On parle généralement français dans ces villages ; mais avec un accent particulier qui n'est pas désagréable dans la bouche des femmes. On pense bien que la langue doit avoir ses provincialismes, dans un canton aussi éloigné de Paris. Une expression fort singulière me frappa, à la lecture d'une affiche imprimée, dont voici le commencement : « Les créanciers du sieur Thomas, sont requis de se rencontrer dimanche prochain, dans le grand poêle de la maison commune de Travers, et de s'y colloquer au sujet de leurs créances. »

Les créanciers requis de se rencontrer dans un grand poêle, ne me semblaient pas fort intelligibles. Je priai un passant de me dire ce que c'était que le grand poêle de la maison commune de Travers.

— Mosieu, me dit le Suisse, c'est le *pal de note commounauta.*

— A présent, mon ami, dites moi ce que c'est que le pal de votre communauta?

Le paysan s'aperçut alors que son explication n'avait pas été trop claire, et m'apprit, quoiqu'un peu longuement, que le *poéle* était une grande chambre.

— Et comment, lui dis-je, appelez-vous ce qui chauffe votre poêle?

—C'est un fourneau, me répondit-il.

On voit qu'on n'attache pas partout, aux mots, les mêmes idées qu'à Paris.

Je me rappelle à ce sujet, qu'étant à Liége, j'entendis dire à un bourgeois avec qui je m'entretenais dans un appartement au premier étage, qu'il allait descendre dans la place, pour dîner. C'était au mois de décembre; la neige couvrait la grande place devant la maison. Croyant avoir mal entendu, je me fis répéter ce qu'il venait de dire; il persistait à vouloir dîner dans la place. Comment, m'écrié-je, dîner dans la place, au cœur de l'hiver! Le bourgeois était aussi étonné de mon exclamation, que je l'étais de son projet. Il comprit enfin mon erreur, et m'apprit que dans son pays, le rez-de-chaussée s'appelait la *place*.

Nous passâmes auprès d'un hameau appelé Noiret, dont toutes les maisons sont adossées contre un immense pan de rocher coupé à pic, qui semble être le mur d'un édifice gigantesque. Le temps a rongé la surface de la roche, en sorte qu'elle ressemble parfaitement à un mur un peu ébréché. Les habitations, devant cette masse énorme, ne sont que des maisons de cartes au bas d'un mur. Sans doute, le jour finit trois heures plutôt pour ce hameau que pour les habitans des plaines. On peut y braver tous les vents; mais si jamais un quartier de ce rocher se détache, les habitans sont perdus sans espoir. Un peu plus loin, plusieurs rochers ont déjà subi de violentes catastrophes. D'immenses bancs de pierres ont glissé et se penchent vers la Reuse, ou forment des angles avec d'autres bancs qui sont restés en place. Il y a des rochers qui se sont écaillés à leur sommet et se dégradent peu à peu : une large trace de petites pierres se dessine depuis le faîte jusqu'au milieu de la route. D'autres rochers sillonnés par des torrens, offrent, de distance en distance, de larges crevasses et des enfoncemens dont les parois ont été arrondies par l'action des eaux. Dans quelques endroits, enfin, les rochers ont été enlevés, et il n'en reste plus que la base; je ne doute pas que les bords exhaussés de la Reuse, ne proviennent de ces débris. Ainsi, en passant devant cette longue chaîne, on aperçoit tous les degrés de la destruction. Dans la chaîne opposée à celle-ci, se présente le même spectacle. La Reuse coule au milieu de la combe, dans un lit extrêmement profond, que l'on perd souvent de vue à cause des saillies de ses bords. Vis-à-vis le hameau de

Brot, qui suit celui de Clusette, elle s'enfonce tout à-coup dans un abyme entre les rochers. C'est l'endroit le plus pittoresque du Val-Travers. Sur la rive droite de la Reuse, s'avance une montagne pelée et très-escarpée, sur laquelle on a néanmoins pratiqué un sentier qui revient plusieurs fois sur lui même, selon la position des bancs de roche. Derrière cette montagne on aperçoit un rocher célèbre dans le pays, et même dans l'étranger; c'est le *Creux du vent*, nommé ainsi, parce qu'en effet la roche a été creusée par les élémens, presqu'en forme de niche; quand il fait un vent du nord, il suffit de jeter, du haut de la roche, un mouchoir ou un autre objet léger le long de la niche, pour le voir ramener, par le vent, jusqu'au sommet. L'expérience manque quelquefois; mais elle réussit presque toujours quand le vent est fort. Ce phénomène s'explique par la position et la forme du rocher qui, rassemblant le vent dans sa partie concave, le repousse et le force de s'élever jusqu'au plateau où il peut s'étendre. La plûpart des étrangers montent sur le Creux du vent, non-seulement pour faire cette expérience curieuse, mais encore pour jouir de la vue magnifique de la vallée entière et des montagnes qui la renferment. Malheureusement, quand j'y arrivai, d'épais brouillards couvraient les hauteurs. Dès le matin, un enfant qui gardait les troupeaux, nous avait dit en passant : Les rochers suent, vous aurez mauvais temps! Sa prédiction, fondée sur une circonstance vraie qui m'aurait échappée sans sa remarque, s'accomplit parfaitement; car le temps resta couvert jusqu'à la sortie de la combe. Je me dédommageai de la privation d'une belle vue, par le plaisir d'examiner l'abyme de la Reuse. Son encaissement est très-étroit vis-à-vis le village de Brot; et la côte s'avance sur la rivière, au point qu'elle la dérobe presque aux regards; on suit cependant ses sinuosités sur les côteaux rapides qui la bordent et qui, étant couverts d'une belle végétation, forment, par leurs teintes vives et animées, un contraste frappant avec les noirs sapins et les roches grises qui leur succèdent. Tout-à-coup la rivière se détourne à droite, s'élargit et se précipite dans un profond abyme caché en partie par des talus de rochers qui percent la rive. Elle sort en écumant de ce souterrain, et continue son cours jusqu'au lac de Neufchâtel. L'aubergiste de Brot, qui est le *Cicerone* du pays, et qui s'acquitte fort bien de cette charge, m'accompagna dans mon excursion. Cet homme parlait beaucoup des Anglais; toutes les fois qu'il y avait quelque chose de curieux à voir, il ajoutait que les Anglais allaient voir cela autrefois. Je lui demandai enfin, avec un peu de dépit, si les Français, les Suisses et les Allemands ne visitaient pas aussi ces objets. Il m'assura qu'il en venait assez souvent. Je compris alors que s'il parlait beaucoup des Anglais, c'était par reconnaissance de leurs guinées. A la manière de tous les *Cicerone*, il avait la mémoire meublée d'anecdotes et de contes. Il me dit que l'abyme de la Reuse avait mille pieds de profondeur, quoiqu'il n'en ait peut-être que cinquante. Je ne pouvais m'en approcher beaucoup à cause de la rapidité de la côte, que l'aubergiste descendait aussi facilement que s'il avait descendu un escalier. Les champs s'étendent jusqu'auprès du gouffre. Il faut presque exposer sa vie pour les labourer ; heureusement, l'habitude diminue beaucoup ce danger. Devant la chute de la Reuse dans l'abyme, on voit un quartier de roche au milieu du lit ou plutôt de l'encaissement de la rivière. Ce bloc s'est détaché d'un côteau voisin, il y a quelques années, avec des circonstances particulières. C'était précisément le jour de la prise de possession du pays, par le prince de Neufchâtel. Des commissaires de l'ancien et du nouveau gouvernement, étaient assemblés dans l'auberge de Brot; on lisait encore les derniers mots de l'acte d'occupation, quand on entendit tout-à-coup un fracas comme une détonnation d'une vingtaine de canons, qui ébranla toute la maison, et fit lever les commissaires, en sursaut, de leurs siéges. Ils se précipitèrent, pleins de frayeur, hors de la maison. On apprit alors que la nature avait accompagné cet acte solennel, d'un bruit de sa façon.

Un rocher s'était rompu et s'éboulait dans la Reuse. Le cours de l'eau en fut arrêté : un meûnier qui a son moulin à un quart de lieue au-dessous de Brot, fut tout étonné de voir tarir, comme par enchantement, cette rivière qui, de mémoire d'homme, n'avait jamais manqué. Il arrive tout essoufflé à Brot, et apprend avec douleur qu'un quartier de roche le prive de son gain. Mais les efforts que firent les eaux lui rendirent la joie : elles s'élancèrent au bout d'une heure, par-dessus les matières éboulées, en entraînèrent une partie et reprirent leur cours ordinaire. Le bloc immense, qu'elles n'ont pu entraîner, servira sans doute long-temps de monument de cette catastrophe.

De pareils éboulemens ne sont pas plus rares dans le Val-Travers, que dans les Alpes et les Pyrénées. Rousseau parle d'un homme qui habitait au pied d'une montagne au-dessus du village de Travers, et qui, un matin, en ouvrant sa fenêtre, fut très-surpris de voir un bois à la place de son champ. Pendant la nuit, une portion de la montagne s'était détachée et avait glissé avec les arbres qu'elle portait, jusque dans le champ de ce paysan. Les habitans s'estiment heureux quand de pareilles catastrophes n'excitent que leur étonnement, et n'anéantissent pas leurs petites propriétés.

L'aubergiste s'offrait à me conduire à une grotte tapissée de stalactites, qui se trouve dans un des rochers qui dominent le village de Brot. Il l'avait montrée autrefois, me dit-il, à des Anglais qui, pour bien jouir du spectacle du souterrain, l'avaient fait éclairer par plus de trente lumières. Le reflet des pierres brillantes avait fait paraître alors l'intérieur de la grotte comme un palais de fées ; c'est en effet ainsi qu'il faut visiter les grottes ; il faut un grand éclat de lumières pour dissiper l'obscurité qui y règne, et qui cache ou des choses très - belles ou des endroits très dangereux ; et si on ne peut réunir que deux ou trois lumières, il vaut mieux s'épargner les peines de ces voyages souterrains. Je préférai donc rentrer à l'auberge pour m'entretenir avec la femme de l'aubergiste, qui, étant âgée d'une soixantaine d'années, et infirme depuis long-temps, marche avec des béquilles ; mais cette vieille peut se vanter d'avoir été aimée de Rousseau, qui aimait si peu ! Les paysans de la vallée disent aux étrangers, qu'elle était sa *bonne amie* Ce qu'il y a de sûr, c'est que Rousseau, pendant son séjour dans le Val-Travers, avait pris en affection cette femme qui n'avait alors que 16 ans ; dans ses promenades, il allait la voir souvent : et ayant remarqué en elle des dispositions heureuses, il se plaisait à les cultiver par la lecture et la conversation. Il devint son maître d'école et son ami. Elle parle volontiers de lui, et cause en général très-bien. Les leçons du grand maître n'ont pas été perdues ; elle est encore gaie malgré ses infirmités, et si elle est aussi contente qu'elle le dit, elle est plus philosophe que Rousseau même. Je la questionnai beaucoup sur la vie de cet homme célèbre; mais ses réponses ne firent que confirmer les détails que l'on connaît. D'ailleurs, tout ce qu'on pourra dire de lui, ne le peindra jamais aussi bien que le peignent ses propres écrits.

Après le village de Brot, le Val-Travers est moins pittoresque. On perd de vue la rivière qui s'écarte de la grande route, et de l'autre côté les montagnes reculent davantage.

Nous traversâmes une forêt de pins, que le temps nébuleux rendait encore plus sombre qu'elle ne l'était naturellement. Mais cette demi-obscurité rehaussait davantage l'éclat du coup-d'œil dont je commençais alors à jouir. A travers le branchage noirâtre des pins, on apercevait une immense plaine, d'un bleu céleste, qu'une illusion d'optique faisait paraître beaucoup plus élevée que la vallée. C'était le lac de Neufchâtel éclairé par le soleil. Ce coup-d'œil avait quelque chose de magique : le bleu du lac se confondait avec celui du ciel, et n'avait plus de limite.

A la sortie de la forêt la scène changea subitement, comme si une fée avait produit un nouveau paysage. Au lieu de ces rochers arides et couverts de brouillards qui, dans le Val-Travers, bordaient la vue de tous les côtés, et attristaient l'ame par leurs teintes foncées, on voyait un immense horizon peint du plus bel azur. A droite s'étendait le lac de Neufchâtel, bordé par les pointes blanchâtres des montagnes suisses. A gauche, une chaîne de côteaux tapissés de vignes, suivait la direction de la grande route; mais au lieu de la toucher, comme dans la vallée, elle était reculée d'un quart de lieue, comme pour ne pas gêner la vue. De nombreux villages ornaient les bords du lac; de petits navires y voguaient en diverses directions; et dans le lointain, au bout de la route, on apercevait la jolie ville de Neufchâtel avec son petit port. Un beau soleil d'automne éclairait ce charmant paysage. Comme la route descendait vers la ville, nous y arrivâmes en peu de temps, après avoir traversé plusieurs villages qui sont comme les faubourgs de la capitale.

CHAPITRE V.

NEUFCHATEL.

Cette petite ville représente en miniature une ville de mer; elle a un petit port, avec une place carrée; et sa situation un peu amphithéâtrale, ses jetées et sa promenade sur le bord du lac, rappellent ce que l'on voit dans plusieurs villes maritimes. Ses maisons peintes et ses tourelles garnies de fer-blanc, font de loin un fort joli effet, sur-tout par leur contraste avec le vert des côteaux et le bleu du lac. Le fer-blanc est à Neufchâtel un ornement au dehors des édifices. On en garnit les tours, on en fait des tuyaux de cheminées, et on en couvre même la façade des maisons, en forme de corniches. Quand le soleil frappe sur la ville, on croirait voir les coupoles argentées des minarets turcs. Ce qui plaît moins, c'est la couleur jaune dont on peint beaucoup de maisons. Le jaune paraît être la couleur favorite des Neufchâtelais; ils en ont revêtu l'hôtel-de-ville, le château et les églises. Toute la ville est pavée de petites pierres oblongues qui proviennent du lac. J'ignore pourquoi ces pierres ne sont pas entièrement arrondies par le frottement, comme les galets.

N'ayant que quatre mille habitans, Neufchâtel ne peut être fort étendu. Aussi, en deux ou trois heures de temps, a-t-on vu tout ce qu'il renferme de curieux. L'hôpital, l'hôtel-de ville, et le château avec l'église, voilà ses édifices les plus remarquables. Neufchâtel a trois églises, mais il n'y a que celle du château qui mérite d'être vue ; encore est-elle plus remarquable par son antiquité que par son architecture. La petite église est située auprès de l'hôtel-de-ville, dans la partie basse. Un peu plus haut s'élève la tour de la grande église; et sur les deux domine l'église attenant au château. Le cimetière de celle-ci est ombragé par de vieux tilleuls au-dessous desquels on jouit d'un coup-d'œil charmant. Par-dessus les toits des maisons on voit s'étendre le lac; à droite se prolongent les montagnes noires du Val-Travers. Elles présentaient un spectacle singulier quand je les vis. Tandis que l'air était parfaitement pur au-dessus du lac, d'épais nuages, d'un noir foncé, reposaient sur ces montagnes comme sur deux colonnes, et descendaient dans la vallée qui les sépare. Un autre monde, ou une sorte d'enfer, semblait commencer à l'entrée de la vallée. Dans le cimetière où je me trouvais, repose un zélé disciple de Calvin, nommé Farel, qui, après avoir été professeur à Paris et apôtre à Genève, fut exilé, et finit sa vie à Neufchâtel. On me dit que son fauteuil se conserve dans la petite bibliothèque des pasteurs. Le nom de Farel ne me donna pas la curiosité de l'aller voir. Qui est-ce qui songe aujourd'hui à Farel, hors de cette ville?

Dans l'église, on montre un monument de sculpture, représentant les anciens comtes de Neufchâtel avec leurs femmes. Mais le temps l'a tellement mutilé, que les figures sont devenues méconnaissables. Cette église était autrefois une collégiale, et appartenait à une abbaye de prémontrés dont le cloître joint maintenant l'église au château. Il faut descendre environ cinquante marches pour arriver de l'église aux rues les plus éle-

ées de la ville; le château est situé
un peu plus bas que ce temple.
C'est un vieux édifice du douzième
siècle, qui, n'étant pas habité par le
souverain du pays, n'a jamais été
restauré. Cependant c'est le siége du
conseil d'état. L'hôtel-de-ville, bâti
sur les dessins du célèbre architecte français, M. Ledoux, le
surpasse de beaucoup, en beauté.
Il est fort honorable pour la ville
de Neufchâtel, d'avoir deux beaux
monumens de la générosité de ses
citoyens, l'hôtel-de-ville et le
nouvel hôpital. De ces deux établissemens, le premier est dû au banquier Pury, et le second au banquier
Pourtalès. L'un et l'autre ont fait le
plus noble usage de leurs richesses,
en les consacrant au bien de leurs
concitoyens. Jean-Jacques, pour se
venger de ce que le magistrat de Neufchâtel avait défendu un de ses ou-

vrages, ou, pour nous servir de son expression, de ce que ce magistrat s'était empressé d'imiter les sottises de ses voisins, disait beaucoup de mal de cette ville. Il prétendait qu'on y trouvait un peuple sans principes ; que le mot de vertu y était aussi étranger et aussi ridicule qu'en Italie ; que la religion dont se piquaient les Neufchâtelais, servait plutôt à les rendre hargneux que bons ; que guidés par leur clergé, ils épiloguaient sur le dogme ; mais que pour la morale, ils ne savaient pas ce que c'est ; car, dit-il, quoiqu'ils parlent beaucoup de charité, celle qu'ils ont n'est assurément pas l'amour du prochain, c'est seulement l'affectation de donner l'aumône. On voit que Rousseau ne faisait pas grâce quand il était piqué. Il suffit d'opposer à ces accusations odieuses, la générosité de MM. Pury et Pourtalès. Ils n'ont pas méprisé la fortune, mais ils l'ont employée à secourir l'humanité. Quand Pury, né à Neufchâtel, en 1709, d'un père qui a fondé Purisbourg en Amérique, fut devenu banquier à la cour de Portugal, il envoya d'abord tous les ans, aux pauvres de sa patrie, une somme de quatre mille francs. Il fit ensuite des dons encore plus considérables à la ville où il était né, et finit par lui laisser toute sa fortune. C'est à ce généreux citoyen que Neufchâtel doit une partie de ses embellissemens, la construction de l'hôtel-de-ville, et des fonds réservés pour les besoins urgens. M. Pourtalès a, de nos jours, imité ce bel exemple, en fondant un grand hospice qui a mis fin à la misère dans ce pays; aussi n'y ai-je vu aucun pauvre. Dans quelle grande ville trouve-t-on beaucoup de ces actions généreuses?

Pendant mon séjour à Neufchâtel, douze des principaux habitans de la ville étaient occupés à organiser une caisse d'épargnes pour les artisans et les domestiques, qui devait s'ouvrir au commencement de 1813. Pour engager la classe ouvrière à y porter ses économies et s'assurer une petite rente pour la vieillesse, ces douze fondateurs se rendaient garans de l'établissement pour les six premières années.

L'hôtel-de-ville est un grand édifice carré avec un péristile d'une noble architecture. Cependant William Coxe, dans son Voyage en Suisse, se moque un peu de Neufchâtel, en nommant ce monument *l'émule du Capitole romain*. Il faut qu'il n'ait pas vu l'un de ces édifices qui ne se ressemblent en rien. On a prétendu que cet hôtel-de-ville est trop grand pour Neufchâtel. Il est vrai que les petites villes ont rarement une maison commune aussi belle, et que celle-ci a plus d'apparence que la demeure du souvèrain ; mais il faut songer que le gouvernement est partagé entre le prince et les Etats ; que Neufchâtel est en quelque sorte la résidence du congrès ; que par conséquent, cet hôtel-de-ville est aussi la maison commune des représentans de toute la principauté.

Je n'entrerai dans aucun détail sur le gouvernement. Coxe a traité cette matière compliquée. On ne s'imaginerait pas que l'administration d'un pays de douze lieues de long, sur six de large, pût être difficile à saisir : il est pourtant certain que c'est une véritable étude pour un étranger. Trois états forment le corps législatif, que le prince est toujours censé présider. Un de ces états se compose de quatre conseillers principaux, un autre des maires et châtelains des divers cantons de la principauté, et un autre des *ministraux* ou conseillers municipaux. La ville et les cantons ont plusieurs priviléges qui sont un reste de la liberté des Suisses, et que le prince ne peut enfreindre. On sait qu'après avoir appartenu d'abord à des comtes particuliers, vassaux du roi de Bourgogne, et puis à la maison de Longueville et au roi de Prusse, comme héritier des droits de la maison de Châlons, la principauté de Neufchâtel et Valangin a été donnée par S. M. l'Empereur des Français au prince Berthier. Sous ce souverain elle n'est pas moins heureuse qu'auparavant. Les revenus de la principauté restent en grande partie dans le pays, et y sont employés à des travaux utiles. On exporte du vin du territoire, une immense quantité de montres, et d'autres ouvrages de mécanique, des toiles peintes, de la dentelle, de l'absinthe, etc. Ainsi, la balance du commerce doit être très-favorable à cette contrée. Le voyageur ne voit partout que de l'aisance, et s'il y a des malheureux, ils ne se présentent pas du moins sous un aspect hideux; et je doute fort qu'il y ait de la misère. On ne trouve point, en parcourant ce pays, ces entraves qui gênent souvent les voyageurs à la sortie des grands états : On y voyage librement et sans aucune crainte. Personne ne s'informe d'où l'on vient ni où l'on va, si ce n'est l'aubergiste qui présente un registre à signer; du reste, il n'y a aucun bureau, aucune garde, ni à la frontière, ni aux portes de la ville. On m'a dit qu'il y avait à Neufchâtel un guet de vingt hommes; je n'en ai rien vu : peut-être toute la compagnie était elle à la promenade ou occupée à la maison. Je ne crois pas, d'ailleurs, qu'elle ait beaucoup de besogne dans une ville aussi paisible, où chacun paraît occupé de sa profession.

On y trouve beaucoup de boutiques, presque tous les rez-de-chaussée étant loués à des marchands. Il est d'usage dans ce pays de n'habiter que le premier. Les rues de Neufchâtel sont malheureusement étroites et tortueuses ; celles qui sont sur la côte, ont une pente très-rapide. Il y a une rue avec des arcades, mais comme elles sont très-basses, les rez-de-chaussée y ressemblent à des cavernes. La ville est ornée de plusieurs fontaines ; l'une d'elles est surmontée de la statue d'un chevalier armé de pied en cap. L'intérieur des maisons est aussi propre que le dehors. Dans l'auberge du Sauvage, où je logeais, et dans d'autres maisons que j'eus occasion de voir, les tables et le parquet des chambres d'apparat étaient en bois blanc ; les meubles étaient également en bois commun, mais poli de manière à pouvoir remplacer ces bois étrangers auxquels nous avons le malheur de nous accoutumer, et qui contribuent à notre ruine.

Dans la promenade et dans les places je vis jouer des groupes d'enfans : les uns parlaient français, les autres allemand. Dans la classe ouvrière, on voit des femmes suisses dans leur costume national ; c'est-à-dire, avec de petits corsets fort étroits, des jupons courts et des cheveux tressés. Ce costume est fort joli, mais il perd son agrément quand celles qui le portent ont de gros traits, des physionomies communes et des cheveux roux, comme j'en ai vu ici.

Les Neufchâtelais ne sont pas prévenans, mais ils sont honnêtes. Rousseau en pensait tout autrement. Je crois, dit-il, qu'il n'y a que les Chinois qui puissent l'emporter sur eux à faire des complimens. Arrivez-vous fatigué, pressé? n'importe, il faut d'abord prêter le flanc à la longue bordée : tant que la machine est montée elle joue, et elle se remonte toujours à chaque arrivant. Il faut que le philosophe Génevois ait bien exagéré son tableau, ou que ce peuple se soit entièrement corrigé après une si rude leçon; car actuellement rien ne ressemble moins à un habitant de la Chine qu'un Neufchâtelais, et on pourrait presque les accuser d'un défaut contraire à celui que leur reprochait Rousseau. Au bureau de poste, je vis un singulier exemple de fierté. On m'avait indiqué l'allée d'une maison; j'y entrai : vers le milieu de l'allée je trouvai une porte; mais au moment de l'ouvrir, je remarquai un écriteau contenant cet arrêt : « On n'entre pas par la porte, on se présente à la fenêtre. » Il fallut donc retourner dans la rue, pour avoir une audience d'un commis de bureau, qui n'ouvrit qu'un carreau de la croisée. Dans les temps froids cela est, pour les commis, un excellent moyen de ne pas être importunés long-temps; mais il faut avouer que la poste de Paris, qui a un peu plus d'affaires que celle de Neufchâtel, n'est pas aussi fière, puisqu'elle reçoit le monde chez elle.

Le lendemain, je pris une barque pour faire une promenade sur le lac. Des enfans jouaient sur le port, et vinrent me prier de jeter quelques pièces de monnaie dans le lac, afin qu'ils pussent me montrer leur habileté comme plongeurs. Ils allèrent effectivement rechercher les pièces, quoiqu'elles fussent jetées à une assez grande distance. Il régnait sur le lac un vent extrêmement frais; mais le temps était beau, grâce au foran, vent du nord-est, qui avait soufflé la veille, et chassé tous les nuages. Ce vent n'est pas le favori des dames ; il leur gâte le teint ou leur donne des maux de dents, et quelquefois il fait l'un et l'autre. Les eaux du lac sont très-limpides ; on en voit presque partout le fond. Mais à Neufchâtel elles sont troublées par une petite rivière, le Seyon, qui passe par la ville et se jette dans le lac auprès du port : comme elle entraîne beaucoup de sable, elle encombrerait le port si on n'avait soin de le curer fréquemment. Les poissons du lac sont en partie les mêmes que ceux du lac de Genève. On en pêche quelquefois de très-gros. Il n'y a pas long-temps que les pêcheurs d'Auvergne, hameau situé sur le bord du lac, sentirent dans les filets qu'ils avaient jetés, un poids extraordinaire. Ces bonnes gens s'imaginèrent que c'était un âne noyé, et s'appelèrent au secours les uns les autres, pour tirer les filets hors de l'eau. Ils y trouvèrent un salu du poids de cent livres. Ce poisson, appelé par les naturalistes *silure*, a la tête large et applatie, et une gueule très-grande. Il se tient dans les bas fonds, et attire les petits poissons par les mouvemens de ses six barbillons. Dans les grands fleuves de l'Asie, il acquiert quelquefois un poids de six et même de huit cents livres.

Vus du lac, les environs de Neufchâtel se présentaient d'une manière fort pittoresque. Tout le côteau, depuis les roches noires du Val-Travers jusqu'à la ville, offrait un agréable mélange de vignes, de forêts, de hameaux, de vergers et de maisons isolées. On traverse le lac en deux heures; il faut huit lieues pour le mesurer dans sa longueur, depuis Yverdun jusqu'à la rivière de Thielle. On peut alonger ce trajet, en remontant la Thielle jusqu'au fond du petit lac de Bienne, où Rousseau à rendu célèbre l'île de St-Pierre. Le son des cloches me rappela du lac à la ville. C'était la veille du huit septembre, jour de jeûne et de pénitence pour les protestans suisses, et une de leurs quatre grandes fêtes annuelles. Il y avait service divin dans l'église de la basse ville. Rien, dans ce temple, n'est propre à élever l'ame; c'est une grande salle avec une galerie qui ne diffère point des galeries qu'on voit dans les grandes maisons de province. Je regrette souvent, en entrant dans une église protestante, que les réformateurs aient rejeté du culte ces objets qui, dans les églises catholiques, frappent les esprits les plus indifférens, et inspirent des sentimens de piété et souvent des résolutions salutaires. Du reste, je remarquai beaucoup de recueillement parmi les hommes et les femmes qui chântaient avec accompagnement de l'orgue. Quoiqu'en dise Rousseau, on a beaucoup de piété dans ce petit état. Il y a deux fois par jour service divin, le matin et à trois heures après midi ; le vendredi il y a sermon le matin. On trouve chaque fois les églises pleines ; mais ce service ne dure jamais au-delà d'une demi-heure, afin que la classe ouvrière ne perde pas trop de temps ; il consiste dans des prières, des chants et la lecture d'un morceau de la Bible. On a publié, il n'y a pas long-temps, une *Liturgie, ou la manière de célébrer le service divin, qui est établie dans les églises de la principauté de Neufchâtel et Valangin.* 1799. On y trouve des prières pour toute l'année, et pour des circonstances particulières, telles que la rentrée d'un coupable dans l'église, après une pénitence publique, l'enterrement d'une personne de la commune, et l'exécution d'un criminel. Ce doit être une scène touchante, de voir les pieux se rassembler dans le temple, pour prier au moment que la justice va verser le sang d'un criminel retranché de la société civile; ce malheureux voit encore la religion compatir à son sort rigoureux, et adresser pour lui des prières au ciel. Cette coutume doit laisser des impressions profondes et salutaires dans l'ame de tous les habitans de la ville.

Quand l'orgue eut cessé de se faire entendre, le pasteur fit un sermon dans lequel il appuyait beaucoup sur la solennité du lendemain, et exhortait les fidelles au jeûne et aux prières. Mais une exhortation qui ne me plût pas beaucoup, ce fut celle qu'il adressa aux marchands, de ne rien vendre dans la matinée, et sur-tout de refuser de donner à manger et à boire avant quatre heures après-midi. Je ne me consolais que par l'espoir d'être sorti du pays du jeûne avant que la faim pût exercer son empire. J'avais retenu une place dans un char à banc qui part à quatre heures du matin pour Locle et Lachaux-de-Fond. Ainsi, avant midi, je pouvais rentrer dans l'Empire français, où, heureusement, on donne à manger et à boire tous les jours de l'année. En repassant sur le port, je vis arriver des barques chargées de prunes, et dans beaucoup de maisons on faisait des tourtes avec ces fruits; c'était, me disait-on, pour le jeûne. Les enfans se réjouissaient infiniment de *jeûner* le lendemain avec des tourtes aux prunes, qui avaient presque deux pieds de diamètre.

A six heures du matin le char à banc avait déjà gravi le côteau derrière la ville. Il s'offrait alors un des plus beaux spectacles qu'on puisse voir. Le soleil, en se levant, faisait paraître tout le lac comme une masse de feu, et au-delà de cette plaine, les sommets des Alpes ressemblaient à des ondes d'un blanc éclatant, tandis que le bas des montagnes était encore dans l'obscurité. On ne pouvait discerner les nuages d'avec les cimes glacées; tout se confondait en un tableau magique et resplendissant de lumière; l'imagination en pouvait faire à volonté une mer, des palais en l'air avec leurs tours et leurs murailles, ou tout autre objet imposant. Sur le bord du lac, à la gauche de la route, les montagnes et les forêts du Val-Travers étaient encore enveloppées d'épais brouillards. Nous en fûmes bientôt tellement enveloppés nous-mêmes, qu'une vallée dans laquelle nous allions descendre, se dérobait entièrement à notre vue, et que nous semblions plonger dans un espace vide et sans bornes. J'avais pour compagnon de voyage un horloger de Locle, qui, s'embarrassant peu du beau spectacle de la nature, sifflait et chantait à s'épuiser les poumons. Ce n'était sûrement pas un de ces Chinois dont la politesse impatientait Rousseau.

Après avoir longé quelques forêts de pins, nous vîmes en face de nous un rocher très escarpé, élevé d'environ huit cents pieds. Dans une heure, me dit le cocher; nous serons auprès de ces pins, sur la cime. Je crus qu'il plaisantait; cependant, en approchant, on découvrait un chemin qui montait en zig-zag, du vallon au haut du rocher. C'est un des plus beaux ouvrages qu'on ait faits dans ce genre pendant le dernier siècle, et il est étonnant qu'une province aussi petite que celle de Neufchâtel ait pu l'exécuter. Autrefois, pour aller de Neufchâtel en Franche-Comté, on était obligé de faire un long détour; aujourd'hui on y va par-dessus ce rocher. Ce travail a été très-long et pénible ; il a fallu tailler le roc vif, et faire de longs détours pour ne pas rendre la pente trop escarpée. On a indiqué en plusieurs endroits les époques où l'on a achevé les diverses parties. Les derniers travaux sont de 1810. Le chemin est large et parfaitement uni. D'un côté il est bordé par le roc que l'on a taillé comme un mur, et de l'autre par un précipice qui devient plus effroyable à mesure que l'on monte. Des tiges de pins s'y élancent de diverses hauteurs. Pour en diminuer le danger, on a posé sur le bord du chemin, à de petites distances, de grosses pierres; mais cette précaution ne me semble pas suffisante ; avec des chevaux fringans on courrait encore de grands risques dans cette montée : puisque la pierre abondait, il aurait fallu en faire un mur à hauteur d'appui.

Parvenus au sommet du rocher, nous perdîmes de vue, peu à peu, le lac et ses beaux environs. Nous nous trouvâmes sur un plateau où la vue était moins variée et moins pittoresque. Cependant nous ne tardâmes point à traverser des côteaux et des vallées agréables. Sur toute la route on voyait des gens de campagne, en habits de fête, allant au service divin de la paroisse. Ce qui me frappa davantage, ce fut de voir partout des militaires en bel uniforme, comme à un jour de parade; et ces militaires se trouvaient précisément dans les lieux les plus écartés, dans les bois, dans les champs, au milieu des rochers. Je me demandai avec étonnement d'où pouvaient venir tant de soldats si bien parés, quoique les jours précédens il n'y en eût pas un seul dans tout le pays.

Vers neuf heures, nous arrivâmes

dans un village nommé les Ponts. Je me rappelais trop bien l'exhortation du pasteur de la veille, pour espérer de déjeûner dans la principauté; cependant le voiturier, espèce d'esprit fort, prétendait qu'en mangeant on ne faisait de mal à personne; ainsi il nous invitait à faire comme lui, et à profiter de la bonne volonté de l'aubergiste, qui ne demandait pas mieux que de servir, pour leur argent, les voyageurs affamés. Quoique ce petit sermon flattât les désirs de l'horloger, il se crut obligé de prêcher à son tour, pour démontrer au cocher qu'il avait tort. Cet horloger fit à peu près comme l'archevêque de Narbonne, ancien militaire qui, ayant refusé une cure à un prêtre d'une conduite peu édifiante, répondit à des dames qui plaisantaient sur son refus sévère, attendu qu'il n'avait jamais lui-même brillé par la piété : moi, mesdames, je ne suis pas dévot, il est vrai, mais je sens qu'il faut l'être.

Nous suivîmes le voiturier esprit fort, dans une petite auberge. En entrant dans une grande chambre, nous fûmes témoins d'une scène digne du Malade imaginaire, de Molière. L'aubergiste était assis, sur une chaise, au milieu de la chambre; une phiole vide était à côté de lui. Il était presque ployé en deux, ayant la tête entre les jambes. Quand il vit entrer le voiturier avec ses voyageurs, il lui fit signe de la main, de les faire asseoir, sans bouger ni proférer une parole. Il resta dans cette attitude extraordinaire pendant plus de dix minutes. Enfin il se releva, nous salua et nous dit : Messieurs, vous êtes peut-être étonnés de m'avoir trouvé dans une posture un peu singulière? nous lui avouâmes qu'elle n'était pas commune. Je m'en vais vous dire ce que c'est, continua le Suisse. J'ai acheté plusieurs fois des médecines à des docteurs qui passaient par le village, et jamais elles ne m'ont fait de l'effet. J'en ai découvert la cause; c'est qu'elles ont passé trop vîte par le corps. Je me suis dit : il faut que tu te places de manière à ce qu'elles puissent rester et circuler; bien m'en a pris. Messieurs, je suis à vous dans l'instant. Il avait déjà disparu.

En me promenant, après le déjeûner, devant l'auberge, je remarquai une affiche contenant un ordonnance du conseil de Neufchâtel ; je crois utile d'en transcrire la substance : Attendu qu'il résulte des observations faites à ce sujet, que les portes de bois, devant les fours, sont plus favorables à la cuisson du pain que les portes de fer, et qu'il n'en résulte aucun danger, le conseil révoque l'ordonnance qui en défend l'usage. Ce procédé du gouvernement, de reconnaître qu'il a donné un ordre inutile, me paraît digne d'éloges. J'aurais voulu savoir par quelle raison une porte de bois vaut mieux, pour la cuisson du pain, qu'une porte de fer. On ne pût me le dire dans le village, et plusieurs physiciens de la capitale, que j'ai interrogés depuis, à cet égard, ne m'ont pas paru beaucoup plus savans.

Dans tous les villages on sonnait les cloches. Il y avait quelque chose d'imposant dans le mouvement général de la population vers les églises. Nous découvrîmes bientôt la vallée de Lachaux. C'est une grande plaine aride, par laquelle passe la limite de la France et de la Suisse. On y voit disséminées des collines et des mamelons, plusieurs villages et des maisons isolées. Cet ensemble offre un coup-d'œil singulier. Les maisons, blanchies, en dehors, et n'étant entourées ni de jardins, ni d'arbres, ressemblent, au loin, à des tentes, et on dirait qu'une armée a, ici, établi son camp. Mais cette contrée, que la nature n'a pas beaucoup favorisée, a su attirer les arts, et s'est changée en un grand atelier. On sait que les petites villes de Locle et de Lachaux-de-Fond, avec les villages et hameaux d'alentour, sont peuplés d'horlogers, de mécaniciens et d'ouvrières en dentelle. Dans la petite ville de Locle on ne voit presque que des enseignes d'horlogers; les maisons y sont jolies et peintes en dehors. Je quittai, dans cette ville, la voiture qui se rendait à Lachaux-de-Fond, petite ville en tout semblable à Locle.

De Locle à Morteau, il n'y a point de voiture publique; il faut faire ces trois lieues à pied. On peut alors visiter tout à l'aise le saut du Doubs; c'est ce que je fis. A une lieue de Locle, dans la plaine de Lachaux, est le fameux rocher dans lequel se jette un torrent qui y fait aller des moulins souterrains, connus par plusieurs descriptions. Derrière Locle il faut gravir un côteau très-élevé, sur le plateau duquel on embrasse, d'un coup-d'œil, toute la vallée. Il me paraît que les mamelons qu'on y aperçoit en quantité, sont les restes d'un déblaiement qui doit avoir eu lieu dans cette contrée, par l'effet des courans maritimes.

Les militaires se montraient de nouveau dans les campagnes; et je vis même plusieurs grenadiers, en uniforme neuf, sortir d'une forêt de sapins. Pour le coup, ma curiosité n'y tint plus; comme ils s'avançaient vers moi, je les attendis: je les priai de me dire ce que faisaient ces militaires qui sortaient de tous les coins de la campagne. Vous ignorez peut-être, me répondirent-ils, que les Suisses sont tous soldats quand il le faut. C'est aujourd'hui le grand jour de pénitence; presque tous les habitans des campagnes sont à l'église; les maisons et les champs sont abandonnés : c'est nous qui les gardons. Ainsi cette belle milice, aussi brillante que la garde d'un souverain, se composait des jeunes gens des campagnes, et retournait, le lendemain, à la charrue ou à la vigne.

Il régnait un silence vraiment solennel dans toute la contrée : on ne voyait plus personne, tout le monde était à l'église; mais, sans doute, aucun habitant n'était inquiet pour ses propriétés : n'étaient-ce pas des Suisses qui veillaient à la sûreté générale! Je me sentis touché jusqu'aux larmes, en voyant cette confiance et cette harmonie. En ce moment, la moitié des habitans se prosternait dans le temple, devant l'Eternel, pour implorer le pardon de ses fautes ; et l'autre gardait fidellement le pays. J'ai vu peu de solennités aussi touchantes.

Je me livrais encore aux douces émotions que me causait la fête de ce jour, lorsque je découvris devant moi le Doubs qui coulait dans la vallée où j'allais descendre. Le village des Brenets est sur le bord du fleuve, au bas du côteau. C'est là que l'on prend une barque pour se faire conduire au saut du Doubs.

J'entrai dans une petite maison isolée, pour demander un batelier. J'y trouvai un homme d'une soixantaine d'années, mais d'une constitution encore robuste, et d'une figure respectable. Sur ma demande, s'il était batelier et s'il pouvait me conduire au saut du Doubs, il me pria d'attendre que son fils revînt de l'église, avec le reste de sa famille. Il me fit entrer dans une petite chambre fort propre, dont les croisées donnaient sur la rivière. Une Bible in-folio était ouverte sur la table. Dans un coin de la chambre, je voyais beaucoup d'instrumens d'horlogerie; dans un autre coin, des coussins avec des dentelles; derrière le poêle, contre le mur, était appuyée une hallebarde, et se trouvait une espèce de buffet chargé de verres et de caraffes. Je lui demandai, avec étonnement, s'il avait plusieurs professions. Mon fils et moi, me répondit-il, nous sommes horlogers et bateliers, et soldats quand le besoin l'exige; ma femme tient l'auberge, et mes filles font de la dentelle pour le Val-Travers. Ainsi, cette chaumière réunissait cinq métiers différens, et pouvait presque seule animer l'industrie dans un village. Je découvris bientôt qu'elle recelait encore d'autres états. Pendant que je m'entretenais avec le vieillard, dont le bon sens et l'expérience me charmaient, entra un pauvre vitrier, pour remettre un carreau. Il avait une main brûlée, et se plaignait des douleurs qu'il éprouvait. Attendez le retour de mes filles, lui dit le vieillard, je vais faire votre besogne. Il prit en effet les vitres, en tailla une pour la croisée, et la mit si bien, qu'il paraissait n'avoir jamais fait autre chose. Il venait de finir quand sa famille rentra : la mère, bonne femme, le fils, jeune homme timide mais honnête, et trois demoiselles d'une tournure agréable, ayant ce teint frais si rare dans nos villes, et habillées comme des filles de marchands de Paris.

Elles faisaient moins attention à moi qu'à ce pauvre vitrier, qu'on avait fait asseoir sur un banc. Elles lui demandèrent les détails de son accident, et lui témoignèrent la plus touchante compassion. La mère les interrompit, en les grondant avec douceur, de ce qu'elles ne se hâtaient pas de le secourir. Aussitôt elles volèrent dans une autre chambre, revinrent avec de l'onguent, des feuilles et du linge. L'une tint la main du vitrier, l'autre y appliqua les feuilles et l'onguent, et la troisième pansa la blessure. Pendant l'opération elles le consolèrent et lui promirent de le guérir dans l'espace de quatre jours. Le vitrier, en leur tendant sa main, les regardait avec un air de confiance, et semblait oublier ses douleurs en voyant leurs tendres soins. O combien je regrettai de ne pas savoir dessiner ! je n'aurais pu manquer, ce me semble, de faire de ce groupe un tableau touchant! mais pour m'en souvenir, je n'ai besoin ni de toile, ni de crayon. Respectable famille ! les vertus que renferme votre chaumière, ne s'effaceront jamais de ma mémoire.

Je me mêlai de la conversation, et demandai quelle était la plante dont elles se promettaient une guérison si efficace. Elles me répondirent avec beaucoup de politesse, que cette plante croissait sur les montagnes voisines, à des endroits qu'elles seules connaissaient. Il faut vous dire, monsieur, ajouta la mère, que nous avons des simples pour la brûlure et pour la dislocation des membres, et que nous jouissons d'une certaine réputation, à quelques lieues à la ronde, pour la guérison infaillible de ces maux.

Je contemplai avec une sorte de vénération cette famille bienfaisante que l'humanité devrait bénir.

Elle me rappelait les temps héroïques où les femmes ne dédaignaient pas l'étude des vertus des plantes, et les appliquaient à soulager les maux qui affligent l'humanité. O que ces soins sont efficaces sous leurs mains délicates, et avec quelle promptitude l'espoir renaît dans l'ame abattue de l'infirme, lorsque leur douce voix lui adresse des paroles de consolation!

Le père chargea ensuite son fils de me conduire, en bateau, à la cascade, et de demander lui-même le prix de ce trajet. Le jeune homme fut embarrassé. Je le vis tirer ses parens à l'écart, pour les consulter sur ce qu'il devait demander. Il s'établit une espèce de conseil dans lequel on débattait, autant que je pus en juger par les gestes, la question combien il pouvait demander sans être exigeant; car ces bonnes gens craignaient moins de ne pas demander

assez, que de demander trop. Enfin,
la mère vint à moi, et me fit une petite harangue, en me disant qu'ordinairement on ne conduisait, à la
cascade, que des sociétés; qu'étant
seul, j'avais besoin d'autant de
temps et causais au batelier autant de
peine que si j'étais accompagné de
plusieurs personnes; qu'ainsi, je ne
pourrais pas trouver mauvais qu'elle
demandât pour ce trajet, à peu près
autant qu'elle demanderait à une société de cinq ou six personnes. Elle hésitait de me dire le prix. Il fallut que
j'approuvasse d'abord ses observations
et que je renouvelasse ma demande.
Elle me dit alors qu'elle était convenue
avec son mari de me demander six
batz, ce qui fait à peu près vingt-cinq
sous. Ils avaient donc débattu, pendant dix minutes, pour quelques sous
de plus ou de moins. Avant de nous embarquer, on m'avertit d'une petite pré-

9 *

caution à prendre. Comme on traverse le Doubs, au bout d'une heure de navigation, afin d'être en face de la cascade, et comme on se trouve alors sur le territoire français, ceux qui veulent ensuite retourner dans la principauté de Neufchâtel, sont quelquefois visités par les douaniers, pour s'assurer s'ils n'exportent pas de l'or de la France. On me raconta qu'un Génevois venu de Neufchâtel, il y avait quelque temps, pour voir la cascade, avait été contraint à donner trente-six louis qu'on trouva sur lui. C'était évidemment un abus, et je ne doute pas que s'il s'est adressé à l'administration des Douanes, à Paris, il n'ait obtenu justice contre cette espèce de pillage, qui ne peut avoir lieu que parce que le gouvernement l'ignore. Cependant, pour ne pas m'y exposer, l'aubergiste s'offrit à garder ma bourse jusqu'à mon retour de la cascade.

Dans une grande ville, une offre semblable serait suspecte et paraîtrait un piége tendu à la bonne foi. Mais ce n'est pas en Suisse que des abus de confiance de cette nature sont à craindre ; tout ce que j'avais vu dans cette chaumière, concourait à la rendre sacrée à mes yeux, et je n'avais pas besoin d'observer l'aubergiste, comme Alexandre observa la physionomie de son médecin, pour être convaincu de sa sincérité. Pendant que les trois demoiselles, avec leur mère, s'apprêtaient à retourner à l'église, je m'embarquai avec leur frère, pour le saut du Doubs, qui est à une petite lieue au-dessous des Brenets.

J'ai décrit la chute du Doubs dans le recueil des *Merveilles et beautés de la nature, en France;* ainsi je n'en dirai ici que quelques mots. Située précisément sur la frontière de l'Empire, cette cascade appartient autant à la France qu'à la Suisse : c'est un des spectacles les plus merveilleux, je ne dis pas seulement de la France, mais de l'Europe entière. J'ai vu dix à douze grandes cascades, mais aucune ne ressemble à celle-ci ; et j'ose dire que le saut du Doubs, vaut seul la peine que les habitans de Paris fassent un voyage dans ce pays. A un quart de lieue au-dessous des Brenets, la rivière cesse de couler ; elle s'élargit et devient de plus en plus profonde. Deux masses de rochers perpendiculaires forment ses bords. On se trouve au milieu d'un lac, et en même temps entre deux murs de cinq à six cents pieds de haut. Ces rochers portent des marques évidentes de la dent destructive du temps, étant ébréchés çà et là, et usés comme les bornes au coin d'un édifice. Il n'y a pas de doute que l'eau n'ait été, autrefois, au niveau du sommet de ces hauteurs, et qu'elle ne soit descendue, peu à peu, au niveau actuel ; il me paraît même démontré qu'elle a emporté les rochers dans certains endroits, où il n'y a plus que des côteaux couverts d'arbustes et de sapins. Ces arbres sortent aussi de toutes les brêches. On éprouve une secrète horreur dans cette prison d'une espèce singulière. On ne voit que l'eau et les rochers, et on ne sait où l'on va arriver ; car le lit de la rivière faisant plusieurs détours, empêche de voir bien loin. C'est sur-tout dans les endroits où la rivière fait un coude, que la scène devient magnifique. Du côté vers lequel la rivière se tourne, et où, par conséquent, la force de l'eau est la plus forte, les rochers ont éprouvé la plus horrible dégradation, et dans quelques endroits ils ont été rasés jusqu'à la base. Sur le côté opposé, ils s'arrondissent au contraire comme le rivage, et offrent l'intérieur d'un colysée gigantesque.

Après plusieurs sinuosités de cette espèce, on aborde à un petit port. La rivière se détourne à droite, se rétrécit, et entre dans un canal qu'elle s'est creusée dans le roc. On débarque sur le territoire français, et on suit le guide au haut d'une montagne couverte de bois. Arrivé au haut, il vous prie de jeter les yeux du côté où vous avez quitté la rivière. Vous la voyez alors à deux cents pieds au-dessous de vous, s'avancer dans le même canal, sur une espèce de terrasse, et se jeter de là dans un gouffre, d'où elle passe par un autre canal fort étroit, dans une vallée sauvage qu'on ne fait qu'entrevoir. La masse d'eau et d'écume qui se jette du haut de la terrasse, est énorme et ébranle, par sa chute, les montagnes d'alentour. Il faut remarquer qu'au-dessus de la cascade il s'élève un rocher énorme, couvert de sapins, qui fait face à celui sur lequel est placé le spectateur, ensorte que la cascade est dans l'espace étroit qui sépare deux chaînes de rochers. Rien n'est plus propre à nous faire sentir la petitesse des travaux humains qu'un spectacle de cette nature; et à l'exception des pyramides d'Egypte et de l'église St-Pierre, à Rome, tous les monumens sont des ouvrages chétifs, en comparaison du théâtre imposant du saut du Doubs.

Je restai deux heures au haut de la montagne, contemplant en silence le volume d'eau qui se jetait toujours avec le même fracas dans le gouffre, et oubliant tout devant cette vue majestueuse. Le jeune batelier n'osait me tirer de mon admiration, et jouissait de mon étonnement. Nous descendîmes, enfin, pour reprendre la barque; il était quatre heures quand nous revînmes aux Brenets. La famille de mon hôte rentrait de l'église, et se hâtait de se dédommager du jeûne qu'elle avait observé avec une scrupuleuse exactitude. On me remit ma bourse telle que je l'avais donnée : aucun douanier ne s'était présenté lorsque nous contemplions la cascade; ainsi il est probable que la crainte de ces bonnes gens était exagérée.

Je pris congé d'eux pour me rendre à Morteau. Le jeune homme me conduisit, en barque, sur la rive opposée; mais comme je lui avais donné quelque chose au delà du prix fixé, il ne voulut, cette fois-ci, rien prendre, et j'eus beau insister, il refusa avec une sorte de fierté qu'un habitant de la capitale n'est pas accoutumé à voir.

Il n'y avait qu'un sentier entre les

Brenets et Morteau ; il fallait gravir les montagnes qui bordent le Doubs, et déjà le jour commençait à tomber, lorsque je m'enfonçai tellement dans une forêt de sapins, que je ne sus plus quelle route choisir entre celles qui coupaient ce grand bois. Cependant, sachant que Morteau est situé dans une vallée sur le bord du Doubs, je me tournai du côté où coulait la rivière, et descendis la pente rapide entre les arbres. La découverte de deux ornières fut, pour moi, d'un heureux augure. Je suivis leurs traces, étonné de la hardiesse des paysans qui gravissent, avec des voitures, ces montagnes ; et à ma grande joie, je découvris bientôt une vallée charmante, coupée par plusieurs canaux, et dans un fond de cette vallée la petite ville de Morteau.

La position n'en est pas très-saine et la vallée, en général, est très-marécageuse, ce qui tient au défaut de pente dans le lit du Doubs. La belle cascade de cette rivière est cause que les habitans de Morteau sont entourés de marécages. Un ingénieur, qui ne voit que canaux et navigation, a proposé de faire sauter les rochers de la cascade, afin de rendre le Doubs navigable dans cette contrée. Ce serait priver la France d'une de ses plus grandes merveilles, et le pays gagnerait moins par la facilité des communications, qu'il ne perdrait par la cessation des visites des étrangers. Le saut du Doubs répand de l'argent dans ce canton limitrophe. Si la navigation est nécessaire, pourquoi ne préférerait-on pas de creuser un canal auprès de la cascade, comme on a fait auprès de la cataracte de Trolhetta, en Suède?

Morteau est bâti un peu dans le goût suisse; du moins les maisons y ont un air propre et riant, mais les auberges y sont mauvaises. Cette petite ville a plusieurs écoles et pensions de garçons et de filles. Il part de Morteau, trois fois par semaine, une voiture publique pour Besançon. Cette route, longue de dix lieues, passe par Flancebouche et l'Hôpital de Gros-Bois, deux villages qui ne sont pas plus remarquables que le reste de la route. Ce n'est qu'aux environs de Besançon, que le pays reprend cet air pittoresque qui distingue tous les cantons arrosés par le Doubs. On voit de loin les riches vergers de la vallée de Beurre, qui rapportent en fruits, huit à neuf mille francs par an.

CHAPITRE VI.

BESANÇON.

Des noms latins corrompus et des antiquités dégradées, avertissent le voyageur que Besançon a obéi autrefois aux maîtres du monde. Dans toutes les parties de la ville on retrouve des traces du séjour des Romains et des monumens dont ils l'ont embellie.

Chamuse est l'ancien Champ des Muses; *Chamars*, le Champ de Mars; *Romchaux*, la colline de Rome; *Rosemont*, le Mont des Roses; la *rue de Châteur*, rappelle le culte de Castor; et *la porte d'Arênes*, les combats des Gladiateurs. On a trouvé de nombreuses inscriptions, des fragmens de statues et de bas-reliefs, des objets de parure et des outils de l'antiquité. J'ai vu le dessin d'un beau pavé en mosaïque, qui fut découvert, il y a quelque temps, dans le jardin de l'hôpital, et qu'on fut obligé de recouvrir pour le mettre à l'abri de l'avidité. L'arc de triomphe, dont je parlerai plus loin, et les restes d'un grand aqueduc, attestent encore davantage ce que la ville doit à ce peuple conquérant. Frappés de la position singulière et importante de Besançon, les Romains en avaient fait une place de guerre. Elle perdit son importance et sa splendeur après la décadence de l'Empire romain; mais elle reprit l'un et l'autre dans les temps modernes, et c'est aujourd'hui une des principales barrières de la France du côté de la Suisse. Elle est bâtie dans un fond, entre trois hautes montagnes. Anciennement toute la ville était renfermée dans le fer à cheval que forment, dans ce fond, les sinuosités du Doubs; mais actuellement elle s'étend au-delà de cette rivière. Le quartier au-delà du Doubs a été fortifié par Vauban : c'est là qu'est le fort Griffon. Le reste de la ville est défendu par la citadelle, bâtie sur un rocher qui occupe la partie la plus étroite de la presqu'île du Doubs. Les deux autres montagnes qui dominent la ville, n'ont que des redoutes. Il est probable que si un ennemi s'en rendait maître, ni le fort Griffon, ni la citadelle, ne sauraient défendre la ville long-temps; mais comme ces montagnes sont entièrement nues et exposées au canon de la citadelle, une armée aurait de la peine à s'y maintenir. Les murs de la citadelle entourent tout le plateau du rocher qui est à pic en plusieurs endroits; mais de la ville on peut y monter par un chemin très-large. Derrière le rocher est un ravin qui le sépare des autres montagnes; on y a élevé plusieurs pans de murs, sur lesquels la garnison peut poser des planches, afin de se sauver ou de faire des sorties. On trouve dans l'intérieur de la citadelle de vastes bâtimens, des jardins, des citernes et un puits. Un grand nombre de prisonniers anglais y sont maintenant renfermés; le dimanche, on leur permet de descendre dans la ville.

Dans les murs de la citadelle on remarque, vis-à-vis de Chaudane, une guérite connue sous le nom de *guérite du capucin;* elle rappelle un événement assez singulier. Lorsque Louis XIV assiégea Besançon, il y avait dans la citadelle un capucin qui observait attentivement ce que faisaient les canonniers. Ceux-ci, ennuyés de le voir toujours auprès d'eux, firent des plaisanteries sur lui. Le capucin y répondit en riant. Les canonniers se familiarisant alors avec notre religieux, poussèrent la plaisanterie jusqu'à demander à quoi un capucin était bon. Messieurs, leur dit le religieux, je vois bien qu'il faut vous prouver qu'un capucin peut quelquefois être plus habile que vous. Regardez le quartier général des ennemis sur cette hauteur; distinguez vous le roi à cheval? hé bien, je tuerai, avec ce canon là, son cheval sous lui. Les canonniers, un peu stupéfaits de cette proposition, le laissent approcher du canon. Il le pointe, et le fait partir. Le boulet abat le cheval, et le roi tombe; toute l'armée en est troublée. Louis XIV jura, dans sa fureur, d'incendier la ville dès qu'il la prendrait. Quelque temps après il s'en rendit maître, et on lui apprit alors que c'était, non la garnison, mais un capucin qui avait menacé sa vie. Sa colère fut désarmée par la singularité du fait; cependant, pour marquer son ressentiment, il fit défendre aux capucins de la ville, d'avoir, dans leur église, des confessionnaux pendant cent-un ans.

Cette anecdote n'est point consignée par Pelisson, dans sa médiocre *Histoire de la Conquête de la Franche-Comté;* mais elle est dans la bouche des habitans, et beaucoup de personnes ont vu replacer les confessionnaux quelque temps avant la révolution.

Vues du haut de la citadelle, les quinze cents maisons de pierre de roche présentent, avec les clochers, les fortifications, le cours sinueux du Doubs, la verdure frappante des arbres, et les montagnes qui s'élèvent derrière la ville, un aspect extrêmement pittoresque. Le fer à cheval, ou la presqu'île dans laquelle une grande partie de la cité est renfermée, contient environ quinze mille ames; il y en a dix mille dans la partie située au-delà du Doubs, et trois à quatre mille hors de l'enceinte de la ville.

Le quartier d'au-delà du Doubs est, en grande partie, habité par le menu peuple, quoique son nom de *Charmont* rappelle la demeure des Grâces, *Charitum - Mons*, selon le savant Chifflet. Dunod, autre savant franc-comtois, moins prévenu ou plus érudit que Chifflet, rejette la plûpart de ces étymologies antiques qui répandent une sorte de charme sur les lieux qu'on entend nommer. C'est ainsi que *Chaudane*, qui pour Chifflet est le mont de Diane, *Collis Dianœ*, n'est pour Dunod, que le mont des religieuses, *Collis Dominarum*. L'étymologie de Chifflet plaît à l'esprit, en rappelant le culte que les Sequanois rendaient, sur cette montagne, à la déesse de la chasse; celle de Dunod est purement savante : et en la lisant on est presque fâché de voir détruire l'illusion de Chifflet.

Un pont de pierre et de bois, très-long, joint Charmont au quartier principal de la ville. Le Doubs est très-large en cet endroit. Malheureusement il est bordé, du côté de Charmont, de vilaines maisons qui s'avancent jusqu'aux bords de la rivière. De beaux quais plantés d'arbres, comme ceux des canaux dans les villes de Hollande, feraient ici un effet charmant. La rue qui du pont passe à travers toute la ville, et qui porte le nom de *grande rue*, est très-vivante et presqu'entièrement habitée par des marchands. Les autres rues sont courtes ou tortueuses, à l'exception de celle de St-Paul, qui est très-fréquentée le soir, à cause des nymphes de Paphos qui s'y rassemblent en foule. Dans la révolution on avait changé le nom de cette rue en celui des *droits de l'homme*, que beaucoup de personnes regardèrent comme une mauvaise plaisanterie.

Le nombre des *dévoilées* (pour me servir d'une expression persanne) est frappant dans cette ville, sur-tout dans la rue St-Paul. On croirait que cette rue en est peuplée. Mais dès qu'on bat la retraite, le soir, on les voit par douzaines partir et retourner à leurs demeures. On assure que leur nombre se monte à trois mille, c'est à dire au dixième de la population entière de la ville : ce qui me paraît exagéré. Il est heureux qu'Arthur Young ait ignoré cette circonstance. Ce célèbre voyageur qui, dans la révolution, assure n'avoir trouvé à Besançon qu'un seul honnête homme, aurait sûrement encore rabattu de cette unité à l'égard des femmes.

La promenade de *Chamars* est unique dans son espèce, et une des plus belles qu'on puisse trouver, je ne dis pas seulement en France, mais en Europe. Nulle part on ne voit une végétation aussi vigoureuse, une verdure d'une teinte aussi vive, une fraîcheur aussi délicieuse, et un calme aussi agréable que dans ce lieu charmant. Les rues qui y conduisent, cessent à quelque distance de la promenade. On traverse une grande place avant d'y arriver. De belles allées de platanes, de tilleuls et de frênes, qui entourent des boulingrins d'un beau vert, invitent à jouir de leur doux ombrage. Le Doubs sert de limite à la promenade, et la sépare de Chaudane qui s'élève presque à pic sur le bord opposé de la rivière. Deux bras du Doubs, qui roulent, à travers le gazon, des eaux de la plus grande limpidité, divisent la promenade en grand et petit Chamars ; on les traverse sur trois ponts d'une élégante structure. Un de ces canaux décrit presque un demi-cercle, et baigne un parterre de fleurs, de plantes exotiques, et des volières qu'on a eu la charmante idée d'établir sur un de ses bords. Au milieu des fleurs, des cyprès et des saules pleureurs qui penchent tristement leurs branches sur le canal, on voit un tombeau de marbre brun avec une inscription. C'est un monument érigé aux manes des guerriers qui ont péri au champ d'honneur. Cette destination est un peu vague ; aussi le monument ne produit pas l'effet qu'on s'en était peut-être promis. Les volières sont de jolis pavillons habités par des oiseaux aquatiques qui ont la faculté de nager sur le canal. De petites chutes d'eau ménagées de distance en distance, causent un doux murmure, le seul bruit qu'on entende dans cette retraite délicieuse.

Je voyais quelques promeneurs marcher tristement sur les bords de ces canaux. Peut-être disaient-ils en eux-mêmes, avec Legouvé :

> Cette onde gémissante et ce bel arbre en pleurs,
> Nous semblent deux amis touchés de nos malheurs.

On ne saurait peindre toute la beauté de cette promenade à ceux qui n'en ont pas une idée; cependant, toute incomparable qu'elle est, les Besançonais y viennent rarement. Ils préfèrent de se promener le soir, dans un petit carré planté d'arbres, derrière le palais de Granvelle, au milieu de la ville. Ils donnent pour raison de cette bizarrerie, qu'au soir l'air est trop frais à Chamars.

La promenade de Granvelle n'est pas plus agréable que le palais qui y touche; c'est un grand édifice qui ne se distingue des autres maisons, que par sa grandeur et par quelques colonnes isolées, placées à la façade les unes sur les autres; c'est ce que l'on appelle pompeusement, dans quelques descriptions de Besançon, *les trois ordres d'architecture.* Le mauvais goût que l'on remarque dans les édifices des Pays-Bas, du temps de Charles V, a présidé aussi à la construction de ce palais. On a raison de s'étonner que sous un prince qui a fait époque dans l'histoire, et qui a possédé plus de provinces qu'Alexandre-le-Grand, l'architecture ait été toujours conduite par le mauvais goût. On en peut conclure, ce me semble, que Charles V n'avait pas de goût lui-même. En général les Espagnols n'ont presque rien fait pour l'embellissement de Besançon, pendant le temps que cette ville était sous leur domination, et toutes les traces de leur gouvernement ont à peu près disparu. La statue de Charles V, qui ornait la fontaine de l'hôtel-de-ville, a été renversée par les révolutionnaires. Celle de son ministre, le duc d'Albe, représenté à une autre fontaine, n'a échappé à la destruction, que parce qu'il est déguisé sous la forme de Neptune. Le tombeau du cardinal de Granvelle servait de lavoir, il n'y a pas long-temps. Par une singularité du destin, les Espagnols sont aujourd'hui prisonniers de guerre dans une ville où ils régnaient autrefois.

Besançon ne renferme presque pas de monumens gothiques; outre la cathédrale, qui ne peut même pas être citée comme un chef-d'œuvre de l'art, on aurait de la peine à en trouver. Cette cathédrale n'a aucun portail. L'intérieur en est d'une architecture gothique, mais défigurée par des artistes modernes. Aux deux extrémités sont deux autels richement décorés de marbres et de dorures. Un de ces autels est encore orné du tableau de la Résurrection, par Carle van Loo, et l'autre de deux anges en marbre blanc, par Breton, artiste de cette ville.

L'archevêché, édifice sans aucune apparence, est auprès de l'église; avant d'y arriver, on passe sous la Porte Noire, à laquelle est adossé un arc de triomphe romain. Ce monument, qui a dû être très-beau, est tellement dégradé, qu'on ne distingue plus rien des bas-reliefs et des ornemens dont il est couvert. S'il a été tel que Chifflet, dans son Histoire de Besançon, l'a représenté, on peut dire que peu de monumens de ce genre l'ont surpassé. Comme le terrain où cet arc de triomphe se trouve, a appartenu à la cathédrale, on a eu la malheureuse idée de bâtir au-dessus de ce monument un grenier ou magasin de farine; le blutoir des chanoines a long-temps dominé sur les trophées des Césars, et si l'arc n'était pas appuyé contre la Porte Noire, il serait peut-être déjà écrasé par la masse. Il est construit de pierre coquillière que l'on tire des carrières des environs de Besançon, et que l'on préfère à la roche bleuâtre: car celle-ci, malgré sa solidité apparente, est sujette à une défoliation continue. Les fondemens de l'hôpital, qui en ont été construits, ont tellement souffert dans l'espace de quarante ans, qu'il a fallu se hâter de les réparer. Outre la cathédrale, Besançon a encore sept églises catholiques, toutes ornées de sculptures et de dorures; la roche bleuâtre y est habilement employée pour les colonnes et les corniches. L'intérieur de l'église de St-Pierre, sur la place Napoléon, repose sur quatre grandes colonnes de cette roche, et le maître-autel est orné d'une Descente de croix en marbre blanc, de M. Breton. La façade est aussi décorée de colonnes, et surmontée d'une tour-très-élevée. En face de cette église est l'hôtel-de-ville, vieux édifice construit à peu près dans le goût du palais Granvelle, et servant aussi de palais de justice.

L'église de la Madelaine, à l'entrée du quartier de Charmont, est remarquable par l'élévation de sa voûte, soutenue de colonnes bleuâtres, comme celle de St-Pierre, et par la galerie de l'orgue qui, semblable à un pont, n'est appuyée que par ses extrémités, quoiqu'elle soit entièrement construite en pierres de taille. Le fronton de la façade de cette église n'est pas terminé. On voit encore une belle église au lycée, qui est l'ancien collége des Jésuites : elle est riche en sculptures et en dorures. Il n'y a peut-être pas, dans tout l'Empire, des églises aussi bien ornées que celles de Besançon. Le lycée est un vaste édifice carré, bâti entièrement de pierres de roche. Le grand jardin de l'ancien collége sert de promenade à cent-soixante-dix élèves pensionnaires, et à cent quatre-vingts élèves externes. Le nombre des professeurs se monte à vingt.

Besançon ne manque point d'établissemens littéraires et scientifiques. Indépendamment de l'académie, cette ville a une société académique des sciences, arts et belles lettres, qui tient deux séances publiques par an, et qui se compose de quarante membres titulaires résidans, de titulaires non résidans, d'académiciens honoraires, et de trente associés correspondans; une société d'agriculture, une société de médecine, une école gratuite de dessin, des cours pratiques de médecine, chirurgie et clinique, et une école d'instruction pour l'artillerie. Malgré tant d'institutions, on n'y publie pas quatre ouvrages nouveaux par an, et à peine paraît-il, tous les dix ans, un livre dont la réputation parvienne jusqu'à Paris; tandis qu'il y a en Allemagne et en Suisse, des villes qui n'ont que le quart de la population de Besançon, et qui publient cependant, tous les ans, une vingtaine ou quarantaine d'ouvrages utiles qui sont lus à deux cents lieues à la ronde.

La bibliothèque publique de Besançon est encore déposée dans les greniers de la ville. On construit un petit bâtiment pour la recevoir : elle est assez bien fournie en ouvrages anciens; mais elle n'a presque rien en ouvrages nouveaux, et elle manque de fonds pour faire beaucoup d'acquisitions. Le bibliothécaire, M. Weiss, un des plus savans bibliographes de la France, s'occupe du catalogue des livres imprimés, ainsi que des manuscrits.

Plusieurs particuliers possèdent des collections intéressantes. Je vis chez M. Baverel, les dessins de toutes les antiquités trouvées aux environs de la ville, et chez M. Bruant, une belle collection de médailles et d'antiquités, qu'il montre aux étrangers avec beaucoup de complaisance.

Besançon a une salle de spectacle construite par l'architecte Ledoux. La façade en est ornée d'un péristile de six colonnes. On n'y avait pas joué depuis huit jours ; les affiches annonçaient un spectacle pour le premier dimanche après mon arrivée. Je ne manquai pas de m'y rendre. A l'exception des villes du second ordre, les spectacles, en province, me paraissent maintenant se réduire à peu de chose. Quoique j'aie traversé, dans ce petit voyage, dix villes assez considérables, il n'y avait spectacle qu'à Besançon : encore la troupe qui y était ne donnait elle ni tragédies, ni comédies; c'étaient toujours des mélodrames ou des opéras comiques. Cependant, ce dimanche, elle voulut se surpasser elle-même, en représentant la *Vestale*. C'était un événement dans la ville ; dès le matin il était question du spectacle dans toutes les maisons. A trois heures après-midi les dames étaient déjà en grande parure. Des familles entières se portaient au spectacle, et je crois que les domestiques les suivaient, car je vis fermer plusieurs maisons à la grosse clef. A cinq heures le spectacle commença. On sait ce que devient un grand opéra, entre les mains d'une troupe médiocre. La représentation fut, en outre, accompagnée de quelques accidens tragi-comiques. La Vestale, en paraissant sur la scène, eut le malheur d'avoir sa robe accrochée à un clou de la coulisse, et d'en perdre une partie considérable. Elle en garda de la rancune, et lorsque dans la scène où le grand-prêtre la conduit dans la caverne qui doit être son tombeau, celui-ci fit vaciller sa lampe, on entendit la vierge de Vesta dire ces mots : *prends donc garde*, suivis du juron le plus énergique que la langue française pouvait lui fournir. Cette apostrophe fit tomber le peu d'illusion que les spectateurs éprouvaient.

Besançon a plusieurs bons cafés : il y en a deux au jardin de Granvelle. Hors de la ville on trouve plusieurs guinguettes où le peuple se porte en foule les dimanches, pendant la belle saison.

Un des plus beaux hôtels de Besançon, c'est celui de la préfecture, situé au bout d'une rue assez courte, mais régulière. Cet hôtel, qui était autrefois l'Intendance, est séparé de la rue par un porche et une grande cour. Derrière le corps-de-logis s'étend un grand jardin. Des pilastres cannelés, ornent les deux façades de l'hôtel. Celle du jardin offre, au milieu, une saillie en forme de cintre; c'est l'extérieur d'un salon en rotonde, principale pièce de l'édifice.

Besançon renferme encore deux autres bâtimens d'un aspect très-imposant; ce sont les casernes qui peuvent loger quatre mille hommes, et dont le corps-de-logis a presque la longueur du château des Tuileries, et l'hôpital, un des plus grands de l'Empire. On le prendrait, de loin, pour un palais. Il se compose d'un corps-de-logis, de deux ailes de bâtimens, d'une grande chapelle en rotonde et d'autres bâtimens accessoires. La cour de l'hôpital est ornée d'une grille magnifique. Des balcons pratiqués aux croisées du premier étage, offrent aux convalescens l'agrément de jouir de la vue de Chamars. Cette vue est un grand avantage de plus pour un hospice entouré de jardins ou de places.

On y a réuni tous les anciens hôpitaux de la ville. Ainsi on y trouve, non seulement un hôpital bourgeois, mais aussi un hôpital militaire pour trois-cents malades, une maison d'orphelins, et un asile pour les vieillards. Des sœurs hospitalières, dont le costume est blanc et bleu, ont soin des malades. Une supérieure, qui a la direction des sœurs de vingt-deux hôpitaux, réside à l'hospice. Cette congrégation a été organisée, il n'y a pas long-temps, par un décret impérial.

En parlant des sœurs hospitalières, je ne puis passer sous silence la charité qu'exerce dans cette ville une ancienne religieuse, nommée la sœur Marthe. C'est sur tout pour les militaires qu'elle est une véritable mère. Elle fait des quêtes pour les prisonniers de guerre : s'il arrive des troupes, elle va au-devant pour s'informer s'il ne leur manque rien. Toute la vie de cette femme extraordinaire se passe à soulager les malheureux : si elle court, si elle travaille, si elle rend des visites, c'est toujours pour eux; il n'y a rien qu'elle ne mette en œuvre, lorsqu'il s'agit de les sauver d'un grand danger. Il semble qu'elle regarde comme perdu, chaque moment qu'elle ne leur donne pas. Pour récompenser de telles vertus, le gouvernement lui a décerné une médaille; et il n'y a pas long-temps que, passant sur la place d'armes où s'exerçait un régiment, elle fut aperçue par le colonel qu'elle avait secouru autrefois : aussitôt celui-ci courut au-devant d'elle et l'embrassa devant ses soldats.

La ville de Besançon est ornée d'un assez grand nombre de fontaines. Les Romains avaient fait construire un aqueduc de deux lieues de long, qui procurait à la ville l'eau de la belle source d'Arcier. Quoiqu'il ait été construit très solidement, comme on le voit par les débris, cet aqueduc a été dégradé ; et au lieu de le réparer, on a préféré de faire venir, d'au-delà du Doubs, les eaux de la source de Bregille qui est près de la forteresse. Elles passent le Doubs dans des tuyaux pratiqués au milieu d'un pont de bois. Néanmoins, un voyageur ne doit pas manquer de visiter la source d'Arcier, qui sort avec impétuosité au bas d'un rocher, dans le plus beau site qu'on puisse voir.

Une des portes de la ville est connue sous le nom de *porte taillée :* c'est un des objets curieux de Besançon. On voit un rocher brut, penché vers le Doubs, et coupé au milieu en forme de porte. Cette ouverture n'était d'abord qu'une espèce de fente; mais Louis XIV l'a fait élargir.

Besançon a beaucoup de petites fabriques, mais il n'y en a aucune qui mérite une description particulière. La grande manufacture d'horlogerie, que le gouvernement fit établir en l'an II, pour empêcher les importations considérables des montres suisses, est tombée depuis que Genève a été réuni à la France.

De tous les côtés Besançon est environné de beaux sites. La route de Dôle en offre de très-agréables : les hautes montagnes disparaissent ou ne se montrent plus que dans le lointain. Le Doubs serpente à travers de belles prairies et des côteaux d'une pente très-douce. On passe aussi auprès du canal Napoléon, qui doit unir le Rhin au Rhône, et qui, dans le département du Doubs, est déjà fort avancé.

En longeant presque toujours le cours de la rivière, on arrive en huit heures à Dôle, sous-préfecture du département du Jura. Le Doubs baigne le côteau sur lequel la ville est bâtie. La beauté du paysage a fait donner à cette contrée le nom de *Val-d'Amour*. Dôle a, autrefois, joué un grand rôle dans l'histoire de la Franche-Comté. Elle avait un château qui a été la résidence de plusieurs Empereurs, un parlement, un hôtel des monnaies et une université. C'était une des places les plus fortes de cette province; et plusieurs fois le courage de ses habitans s'est signalé pendant les siéges. Elle repoussa

Georges de la Trimouille, qui vint l'assiéger en 1478; l'année d'après, elle fut surprise par Charles d'Amboise : mais ses braves habitans ne voulant pas survivre à ce malheur, combattirent dans la grande place, jusqu'à ce qu'ils périssent. Un monument élevé à cet endroit, rappelle à la postérité ce fait glorieux. Peu de villes ont des monumens aussi honorables à montrer. Sous Charles-Quint, Dôle devint une place extrêmement forte; aussi les habitans disaient-ils que les fortifications étaient imbues de l'esprit invincible du prince qui les avait fait faire. C'étaient, selon Pélisson, sept bastions ou boulevarts d'une hauteur extraordinaire, capables de servir de citadelle contre la ville même, et fondés, presque partout, sur huit pieds de roc, où le travail de la sape et des mineurs ne pouvait être que très-lent et très-difficile.

Ils avaient dix pieds d'épaisseur et se composaient de quartiers de pierre taillés en bosses à la rustique, et si fortement cimentés, que les habitans qui voulurent s'en servir depuis, trouvèrent plus de peine à les détacher l'un de l'autre, qu'à en tailler de nouveaux dans les carrières.

L'histoire du siége de Dôle, sous Louis XIV, est racontée par Pélisson avec assez d'intérêt. On reconnaît les troupes françaises à cette joie qu'éprouva l'armée du roi, en arrivant devant la place, « de se voir en pleine sûreté dans les villages abandonnés à la hâte par leurs habitans, et abondans en toutes sortes de provisions. A peine en voyait-on un seul qui ne traînât après lui quelque partie du bétail errant impitoyablement par les champs, sans pasteur et sans maître. D'autres paraissaient avec des vaisseaux de toutes les sortes, qu'ils avaient remplis de vin, et qu'ils portaient sur leurs têtes ; ils passaient la nuit auprès de plusieurs grands feux allumés par nécessité pour se sécher, et continués par débauche avec une joie qui n'habite guère sous les lambris dorés, répétant les santés de leur colonel et de leur prince, et s'exhortant l'un et l'autre à bien faire le lendemain. »

Malgré la bravoure des soldats et les talens militaires du prince de Condé, le roi eût peut-être long-temps assiégé la ville, si le chevalier de Grammont, qui s'était adroitement introduit dans la place, n'eût pas engagé le parlement et les officiers à capituler. Après s'être rendu maître de cette ville forte, Louis XIV en fit raser les fortifications. Depuis ce temps Dôle n'a plus marqué dans l'histoire. Il ne lui reste que huit à neuf mille habitans. Elle est assez bien bâtie; son collége, l'église Notre-

Dame et la promenade du cours, sont ce qu'elle a de plus remarquable.

Dôle a fourni, dans le dernier siècle, un mandarin à la Chine; c'est Attiret, peintre de l'Empereur. Ses talens lui valurent cette charge honorable.

En sortant du département du Jura, on perd de vue les sites pittoresques de la Franche-Comté. A Auxonne, sur la Saône, les côteaux commencent déjà à se couvrir de vignobles, et à justifier le nom de Côte-d'Or, donné à tout le département.

Auxonne était autrefois place forte; elle a conservé quelques établissemens militaires, tels qu'un arsenal, une école d'artillerie et une fonderie de canons. Sa population est moindre que celle de Dôle, de trois mille habitans. Les melons d'Auxonne jouissent d'une grande réputation en Franche-Comté. Des champs entiers en sont couverts ; ils prospèrent sans avoir besoin d'une grande culture.

CHAPITRE VII.

DIJON.

La route d'Auxonne à Dijon, qui n'est que de six lieues, passe par de belles plaines, où les vignobles sont entremêlés de bois et de champs de blé.

La vue de Dijon, ancienne capitale de la Bourgogne, rappelle une foule de souvenirs. Cette ville doit son origine à un camp romain, *castrum divionense*, qui, après le départ des troupes, fut occupé par de petits marchands que le séjour des soldats y avait attirés. Marc-Aurèle trouva cette place assez importante pour la fortifier ; et un siècle après, Aurélien l'entoura de nouveaux murs.

Quand les Bourguignons envahirent cette partie de la France, Dijon, devenue une ville considérable, eut des comtes particuliers qui, soumis d'abord à l'évêque, devinrent dans la suite des ducs puissans, et luttèrent pendant plus de deux siècles contre les rois de France. L'histoire est remplie des querelles des Français et des Bourguignons, et la France n'eut de vrais rois que lorsque le duché de Bourgogne fut incorporé au royaume. Celui qui étendit le plus loin les bornes de son duché, et qui fit croire, pendant quelque temps, que l'ancienne France et les provinces d'alentour, depuis la mer du Nord jusqu'à la mer Méditerranée, ne seraient que des provinces bourguignonnes, Charles-le-Téméraire, fut le dernier duc de cette province; et la grandeur de la France date de l'époque de la bataille de Nancy, où il trouva la mort et la fin de ses hardies entreprises. Le temps a effacé les traces de cette rivalité longue et funeste, et on ne se douterait pas que les Bourguignons n'ont pas été Français, il y a quatre siècles.

Dijon a été une place forte; ses remparts forment maintenant une jolie promenade qui fait le tour de la ville : on a abattu les murs jusqu'à hauteur d'appui, et les fossés ont été changés en potagers. On passe, dans cette promenade, devant un vieux château fort dont les fossés communiquent à ceux de la ville. Il tombe en ruines, et n'est plus habité que par les gendarmes. On dit qu'il y a dans ce château de grands souterrains qui, pendant la révolution, ont servi d'asile et de temple.

Dijon est situé dans une belle plaine riche en vignobles ; on ne voit de côteaux que vers l'Occident. Deux petites rivières, l'Ouche et le Suzon, traversent cette plaine ; la ville n'a pas d'autres sources. Grégoire de Tours dit que de son temps elles étaient si abondantes, qu'elles faisaient tourner plusieurs moulins. On attribue la cause de leur diminution, aux excavations qui se sont faites aux environs de Dijon, depuis le temps de cet historien. Tous les anciens édifices de la ville sont construits en pierres blanches, tendres, et d'un grain assez fin, qu'on a tirées des carrières d'alentour ; sur-tout de celles du village de Chenon. Probablement l'eau se perd en partie dans ces excavations.

A la place du château des ducs de

Bourgogne, au milieu de la ville, s'est élevé, dans les derniers temps, un palais très-vaste, composé d'un corps-de-logis et de deux ailes de bâtimens. Il ne reste de l'ancien château qu'une tour carrée, très-haute, qui étant noircie par le temps, fait contraste avec le palais moderne qu'elle surmonte. Les Etats de Bourgogne, avant la révolution, tenaient leurs assemblées dans cet édifice. Une partie en est actuellement occupée par le musée, qui comprend des collections de tableaux, de gravures, de médailles et d'autres antiquités. Dijon a été riche en monumens antiques; les débris en sont dispersés dans les collections publiques et particulières. On en trouve la description dans un ouvrage de M. Legouz-de-Gerlan, sur les antiquités de Dijon, et dans le savant voyage de M. Millin aux départemens du Midi.

Devant le palais s'arrondit une grande place que bordent des maisons bâties sur un plan uniforme, mais n'ayant qu'un rez-de-chaussée; les deux rues qui aboutissent à cette place, traversent toute la ville et ne forment, pour ainsi dire, qu'une seule grande rue qui est aussi la plus régulière de toutes. Les boutiques et les cafés qui avoisinent le palais, surpassent de beaucoup ceux des autres quartiers. Les bouchers habitent une rue particulière, mais trop étroite pour sa destination ; dans les grandes chaleurs on ne peut y passer, sans avoir le cœur soulevé de l'odeur fétide qui s'y répand.

Le lycée et l'académie sont de beaux édifices modernes. Dijon avait autrefois beaucoup de constructions gothiques : l'église de l'abbaye St-Benigne, était une des plus remarquables. Heureusement elle a échappé à la fureur des révolutionnaires, et elle n'a perdu que les bas-reliefs de son portail et les ornemens de l'intérieur. Les fondemens de cette église sont du sixième siècle : c'est donc un des plus anciens monumens de la ville; mais il ne subsiste plus tel qu'il était dans l'origine. Saint Benigne, venu dans la Gaule pour prêcher l'Evangile, mourut dans cette ville. Long-temps après on retrouva ou on crut retrouver ses ossemens : on les exposa dans une grotte, à la piété des fidelles. Au commencement du sixième siècle, Clovis et Gondebaud, rois de Bourgogne, firent construire sur cette grotte une église et une abbaye qu'ils donnèrent à des moines de Réomé. De riches donations en terres, édifices, cures et trésors, rendirent bientôt cette institution très-florissante. L'abbé en était un personnage important; mais exposé, par son poste même, à de grands dangers. Celui qui gouvernait l'abbaye en 875, fut décapité par les Normands. Quelque temps auparavant, il s'était passé, dans l'église de l'abbaye, un événement singulier. De fausses reliques, apportées par deux imposteurs, avaient causé une sorte de frénésie parmi les femmes. Elles s'attroupaient dans l'église, éprouvaient des convulsions horribles, et imploraient à grands cris le secours des reliques. Leur état déplorable excitait la compassion et leur attirait beaucoup d'aumônes. En vain l'évêque de Langres les veut-il engager à calmer leurs sens et à retourner chez elles : étourdi de leurs cris frénétiques, il demande des avis à l'archevêque de Lyon ; celui-ci lui conseille de découvrir la fraude, et d'en fustiger les auteurs s'ils continuent leur fourberie. Depuis ce temps l'histoire ne parle plus de ces convulsionnaires. Dans la première année du onzième siècle, on trouva l'église de St-Benigne trop vieille et trop simple. L'évêque de Langres, Brunon de Rouci, avait formé le plan d'une construction magnifique, dont il voulait supporter presque tous les frais. C'était une église de deux cents coudées de long, sur trente-cinq de large, percée de cent-vingt fenêtres, trois grandes portes, et vingt-quatre entrées, ornée de trois cent soixante-onze colonnes, et surmontée de huit tours. La chapelle de St-Benigne, dans cette église, était une rotonde soutenue par cent-quatre colonnes. Le pape Pascal II en fit la dédicace au bout de cinq ans; il n'avait fallu que ce court espace de temps pour achever de la construire. Ce beau monument, sans doute unique dans son genre, n'a malheureusement existé que deux siècles et demi. La délicatesse et peut-être aussi la précipitation du travail le firent écrouler; et l'église actuelle est loin de valoir l'ancienne, dont il n'existe même pas un dessin. Sans la flèche qui s'élève du milieu du toit de l'édifice, et dont la pointe est tellement effilée que dans sa hauteur elle se dérobe à l'œil, elle mériterait à peine d'être citée parmi les monumens curieux de l'architecture gothique.

En 1199 il s'y assembla un concile national, au sujet de la reine Ingeburge, que son mari, le roi Philippe Auguste, avait répudiée. Le concile prononça que le roi devait la reprendre; et comme Philippe refusa d'obéir, il y fut contraint par les foudres du Saint-Siége.

C'était aussi dans cette église que les ducs de Bourgogne juraient solennellement la conservation des priviléges de leurs sujets, lorsqu'ils faisaient leur entrée à Dijon. Précédés du maire de la ville, et escortés d'une suite nombreuse, les nouveaux ducs venaient à cheval jusqu'au portail de l'église : ils y étaient reçus par l'abbé et les moines qui les encensaient et leur présentaient les reliques à baiser. Le cortége se rendait ensuite au maître-autel ; l'abbé se plaçait d'un côté, le maire et les échevins de l'autre ; alors sur la demande formelle du corps municipal les ducs confirmaient les priviléges et les franchises de Dijon, et juraient de les maintenir.

On voit par d'anciens comptes et registres déposés dans les archives de la ville, que les ducs de Bourgogne avaient une cour très-brillante : il y est question de charges qu'on ne trouve plus que dans les palais fastueux des sultans. Cependant les dépenses de la cour étaient assez modiques. La duchesse de Bourgogne n'avait que six mille francs de pension: le comte de Nevers, fils aîné du duc, en avait quatre mille : le premier aumônier recevait deux cents francs et une *robe*.

Il y avait anciennement auprès de l'église St-Benigne, des écoles d'où sont sortis une foule d'ecclésiastiques et de chevaliers distingués. L'édifice de l'évêché, situé à côté de cette église, est moderne et assez vaste.

L'ancienne bibliothèque des Jésuites est maintenant celle de la ville. On y trouve peu de livres rares. L'abbaye de St-Etienne, qui autrefois était presqu'aussi florissante que celle de St-Benigne, n'existe plus. Notre-Dame et St-Michel, deux églises bâties dans le goût gothique, ont été conservées. La façade de la première, au lieu d'avoir cette forme pyramidale que l'on trouve presque toujours dans ce genre d'architecture, offre un espèce de carré orné d'un portail et de deux rangs de petites colonnes. A l'extérieur du clocher on voit deux mannequins qui sonnent les heures. L'église de St-Michel est remarquable à cause des bas-reliefs du portail : d'un côté ce sont des sujets tirés de la Bible, et de l'autre des sujets mythologiques.

Dijon a une école de droit qui commence à être très-fréquentée : on y envoie entr'autres beaucoup de jeunes gens de l'Allemagne. Les parens aiment mieux les faire étudier dans cette ville tranquille qu'à Paris, où la dissipation et la séduction tendent trop de piéges à la jeunesse. Si les mœurs ne se dépravent pas, et si l'école a le bonheur d'avoir toujours de bons professeurs, Dijon pourra acquérir la réputation qu'avait l'école de Bourges dans le seizième siècle. On se loue, à Dijon, de la conduite des étudians. Ce n'est qu'au spectacle qu'ils se signalent quelquefois par des exploits de jeunesse. Pour faire preuve de goût, ils sifflent impitoyablement ce qui a le malheur de leur déplaire, et préparent souvent des orages aux acteurs; mais ils n'ont pas fréquemment cette petite satisfaction, faute de spectacle. Peut-être songera-t-on à avoir une troupe sédentaire, lorsque la nouvelle salle que l'on s'occupe à bâtir, sera finie. On se contente, en attendant, des troupes ambulantes et des *artistes voyageurs*.

A l'hôtel de la Galère, où je logeai, se trouvait aussi un physicien de Genève, M. Comte, qui donnait des représentations de ventriloque, de physique et de tours d'adresse. Le soir, au souper, il fit une espèce de répétition générale, en entremêlant ses tours d'une conversation en calembourgs qui dura deux heures, et dans laquelle il sut concentrer toutes les pointes disséminées dans cent pièces du théâtre de Brunet. Cette quintessence n'était qu'un essai de la soirée que le professeur allait donner le lendemain. Les anciens voyageaient aussi quelquefois pour gagner leur vie; mais c'était en enseignant la philosophie. Chez nous on peut voyager et vivre avec une ample provision de calembourgs.

À Dijon, j'appris de nouveau que les mots de la langue n'ont pas la même valeur dans toutes les provinces où l'on parle français. Me trouvant un soir dans une petite société, je vis entrer une demoiselle vêtue en noir. On lui demanda ce qu'elle avait fait l'après-midi. « Hélas, répondit-elle, vous savez que j'ai perdu ma mère il y a huit jours; je viens de la redoute. Je ne cesse de la pleurer, cette bonne mère ! la redoute est ma seule consolation. » Voilà un deuil bien singulier! dis-je tout bas au maître de la maison. Ma méprise le fit sourire. La redoute, dont parle cette demoiselle, me dit-il, c'est le cimetière.

Je racontai, le lendemain, cette anecdote à un Gascon qui logeait dans le même hôtel que moi. « Votre méprise, répartit-il, me fait souvenir d'une aventure que j'eus dans un voyage en Béarn, il y a plusieurs années. Etant surpris par la nuit, auprès d'un pauvre village, et ne pouvant espérer d'atteindre, avec mon cheval fatigué, la ville la plus proche, je résolus de coucher dans une mauvaise auberge que j'aperçus à l'entrée du hameau. Pressé de me mettre au lit, je demandai tout de suite ce que je pourrais avoir pour mon souper. — Tout ce que monsieur voudra. — Avez-vous du veau? — Nous vendons nos veaux à la ville. — Du mouton? — Nous ne tuons pas nos moutons. — Des poissons? — Il n'y a pas de rivière ici. — Qu'avez-vous donc à me donner? — Il y a des œufs et du pain.

» Après ce souper frugal, je demandai un lit : c'étaient de nouveaux obstacles. Il n'y avait pas d'autres lits que ceux de la cuisine. Il est vrai qu'il y en avait quatre; mais ils étaient l'un sur l'autre dans des espèces de soupentes. Etant trop fatigué pour faire des réflexions sur cette singularité, je commençai à prendre possession du lit inférieur; mais la femme de l'aubergiste accourut, et me prenant par le bras : — Que faites-vous là, Monsieur? me dit-elle; c'est notre lit, à mon mari et à moi. — Eh bien, répondis-je avec impatience, je monterai dans le second. — Non, non, c'est le lit de notre fille. — Dans le troisième, par conséquent. — C'est le lit de notre petit garçon. — Il me restera donc le quatrième? — A votre service. — On apporta une échelle et je montai, non sans peine, au quatrième grabat, où le sommeil s'empara bientôt de moi. Mais au milieu de la nuit, je fus éveillé par un bruit singulier, qui ressemblait au craquement des poulies et des cordages dans un vaisseau. En même temps mon odorat fut désagréablement affecté. Je me levai en sursaut, et criai du haut de mon quatrième, ce que signifiait ce vacarme. — Ce n'est rien, Monsieur, répondit la femme du rez-de-chaussée ; c'est le *vicaire* qui monte! Je voulus savoir ce que c'était que ce vicaire turbulent ; mais le vacarme continuel et l'odeur désagréable me forcèrent de me remettre sous la couverture. Le lendemain matin, dès que je fus descendu de l'échelle, je me hâtai de demander à l'hôtesse qui était déjà levée, quel était ce vicaire qui avait troublé mon sommeil d'une manière si singulière. J'appris alors, jugez de mon étonnement ! que certain vase de nuit, qu'on avait hissé au troisième lit, à l'usage du petit garçon, s'appelait, dans ce hameau, un *vicaire.* »

Outre les remparts, Dijon a deux promenades fort agréables, situées auprès de la ville ; d'un côté c'est l'Arquebuse, grande pelouse plantée de plusieurs allées de jeunes arbres, et de l'autre, le parc qui s'étend le long de la rivière d'Ouche.

Il part, trois fois par semaine, à dix heures du soir, une diligence de Dijon à Auxerre, où elle n'arrive que le surlendemain à midi : elle passe par Semur et Avallon.

Avant d'arriver à Semur on aperçoit, de loin, le Mont-Auxois, sur lequel était situé, du temps de César, la ville d'Alesia, dont le nom se con-

serve encore dans celui du bourg
Ste-Reine-d'Alise. C'est sur cette
montagne que César défit les Gaulois
commandés par Vercingetorix, et
qu'expira la liberté de ce peuple.

Semur a dû être jadis une ville très-
forte : elle est bâtie sur un rocher ;
ses remparts très-élevés, sont bai-
gnés par le torrent d'Armançon, qui
ne remplit en été que le tiers de son
lit. Du milieu des maisons de la ville
s'élèvent les vieilles tours du donjon.
L'église de Semur est remarquable
par un bas-relief du portail, représentant l'histoire du comte Dalmace,
assassiné par Robert Ier, duc de Bourgogne, son gendre ; dans les chapelles
on voit des vitraux dont les peintures
retracent les procédés de divers arts
mécaniques. M. Millin, dans son
Voyage cité plus haut, a donné les dessins et l'explication de ces curiosités.

Entre Semur et Avallon on a toujours des paysages très-agréables. Avallon, sous-préfecture du département de l'Yonne, est comme Semur situé sur un rocher, mais à peu d'élévation. La ville, bien bâtie, doit son état florissant au commerce des vins et du bois. La principale rue aboutit à une place contiguë à la promenade publique; ce sont deux terrasses plantées d'arbres, et établies, à ce qu'il paraît, sur un ancien bastion. De ce point de vue charmant, l'œil domine sur une plaine bien cultivée, et traversée par le Cousin : elle est bornée dans le lointain par des côteaux couronnés de bois. Auprès de la salle de spectacle il y a une autre promenade plus longue, mais moins agréable.

Pendant la révolution Avallon avait une académie de jeu qui faisait beaucoup de bruit dans la contrée, et dérangeait beaucoup de fortunes. Une société de spéculateurs de Paris, avait cru ne pouvoir imaginer rien de meilleur que d'établir des maisons de jeu dans les villes de province. Elle en avait obtenu l'autorisation, en représentant que des maisons de jeu bien organisées, préviendraient tous les abus et empêcheraient les jeux clandestins; mais les plaintes des préfets prouvèrent bientôt que ce qui convient à une grande capitale, peut être très-nuisible dans les petites villes; en conséquence, ces belles académies furent supprimées.

Après Avallon on ne voit le long de la route que collines, vignobles et bois; toutes les petites villes que l'on traverse, telles que Lucy-le-Bois, Vermanton et St-Prix, font le commerce du bois et du vin. Aux environs d'Auxerre un arpent de vignes fournit trente à quarante feuillettes. Dans

12.

notre diligence, le vin fut le sujet d'une longue conversation. Un des voyageurs prétendait que l'état de marchand de vin est le plus lucratif de tous, attendu qu'il est presque impossible de constater et d'empêcher dans cet état les abus et la fraude. « Eh! messieurs, dit en soupirant un marchand de vin de Paris, qui venait de faire des achats en Bourgogne, c'est-là précisément notre malheur. Si vous saviez combien d'ennemis sont conjurés contre cette denrée, et ce qu'il en coûte pour vous la livrer pure et saine, vous auriez sûrement pitié de nous! » Cette grave réflexion fit rire toute la compagnie. Le marchand reprit la parole : « Je ne vais vous dire que ce que m'a enseigné une expérience de trente ans. Je viens annuellement dans cette contrée pour acheter le vin dans la cave du vigneron. Après l'avoir goûté, je fais mon marché ; mais pendant qu'on me fait déjeûner, on soustrait quelques brocs du tonneau que j'achète, et on les remplace par de l'eau. Avant que le vin sorte de la cave il paie l'imposition. Le voiturier qui me l'apporte en boit en chemin, et en soutire quelquefois pour payer ses dépenses dans les auberges, ou si ce n'est pas lui qui en vole, c'est l'aubergiste lui-même. L'un et l'autre, habiles à force d'exercice, percent et bouchent les pièces avec tant d'adresse, qu'il n'est pas possible de s'apercevoir de leur vol : il est bien entendu que l'eau sert toujours de remplaçant. La pièce vient-elle par la rivière ? les bateliers en boivent. Arrivée au port, elle est de nouveau entamée par les déchargeurs ; à son entrée dans Paris elle paie un nouveau droit. Etant débarquée, elle est en butte aux persécutions des gens qui rôdent sur le port, et souvent des gardiens mêmes. Ceux qui nous l'apportent demandent à boire : enfin la pièce entre dans notre cave. Si nous avons nous-mêmes assez de probité pour ne pas y toucher, nos garçons ne nous imitent pas toujours. Transporté de notre cave dans les vôtres, le vin rencontre de nouveaux ennemis, ou plutôt des amis trop zélés dans les gens de la maison. Vous voyez, messieurs, quelle suite de tribulations cette denrée essuie avant d'arriver sur vos tables ! »

Un des voyageurs raconta une anecdote plaisante sur le clos Vougeot. On sait que ce vignoble renommé appartenait avant la révolution aux moines de Cîteaux. L'abbé avait diverses qualités de ce vin ; la meilleure était réservée aux personnes de la plus haute distinction, et on donnait l'autre aux étrangers d'un rang inférieur, et à ceux qui n'étaient pas connaisseurs. Le valet de chambre, d'intelligence avec son maître, n'apportait que la deuxième qualité, lorsque l'abbé, après avoir commandé pour les étrangers du vin du clos Vougeot, ajoutait : *m'entendez-vous?* mais s'il disait : *vous m'entendez?* le domestique apportait du meilleur. Un des moines ayant appris cette petite ruse, en avertit le comte de Brienne qui était venu passer quelques jours à l'abbaye. Pendant le repas, l'abbé dit tout haut à son domestique : «Vous apporterez à M. le comte quelques bouteilles de mon bon vin du clos Vougeot : M'entendez-vous?» Le comte se tourna aussitôt vers le domestique, et lui dit, sur le même ton : Vous l'entendez?— L'*abbé :* M'entendez-vous?—Le *comte :* Vous l'entendez?—L'abbé voyant son stratagême trahi, dit en riant : Eh bien, soit! Vous m'entendez?

Quand on est entré dans les plaines

arrosées par l'Yonne, on découvre bientôt Auxerre, ville située sur cette rivière, et maintenant le chef-lieu du département de l'Yonne. Sa cathédrale gothique domine sur tous les autres édifices : l'histoire d'Auxerre donne la raison de son élévation. Il y avait autrefois, sur le même emplacement, une église qui s'écroula ; on éleva alors cette église-ci : mais comme les fondemens étaient encore solides on les conserva, et ne pouvant agrandir l'édifice, on résolut du moins de l'élever plus que l'ancien.

Auxerre a eu des destinées singulières ; elle a vu dans ses murs les peuples les plus divers, les Romains, les Huns, les Sarrazins, les Normands et les Anglais. Ravagée plus de dix fois, elle s'est cependant toujours relevée, et a soutenu son ancienne réputation. Pendant long-temps elle a partagé avec

Tours l'honneur d'être la Mecque ou, pour parler chrétiennement, la Compostelle de la France. Le tombeau de saint Germain lui attirait autant de pélerins et d'offrandes, que le tombeau de saint Martin en attirait à Tours, et celui de saint Jacques à Compostelle. Les rois et les nobles le comblèrent de dons ; la reine Emma y suspendit, l'an 930, ses bracelets d'or fabriqués par saint Eloi. Le prince Lothaire fit déposer les restes de saint Germain dans une châsse couverte d'or et de pierreries. Saint Germain, né vers l'an 380, avait été le sixième évêque d'Auxerre. Etant mort en Italie, il fut revêtu de ses habits épiscopaux par l'impératrice Placidie même ; ensuite on transporta ses restes dans sa patrie. Ils furent d'abord déposés dans un petit oratoire. La reine Clotilde lui fit élever une belle église, et Charles-le-Chauve, après avoir fait ouvrir le cercueil, et revêtu de nouveaux habits le corps intact de saint Germain, le fit porter dans les cryptes ou grottes de cette basilique. L'histoire dit que Charles espérait d'obtenir, par cet acte de piété, le secours de saint Germain, contre son frère Louis-le-Germanique.

Depuis ce temps, la renommée répandit dans toute l'Europe les miracles qui s'opéraient au tombeau du saint évêque d'Auxerre. L'abbaye fondée sous ses auspices, devint riche et puissante. C'était une espèce de forteresse, comme on le voit encore par ses murs crénelés et ses tours. Les riches et les pauvres apportaient des offrandes aux reliques de saint Germain, et aux moines qui les gardaient.

Cette abbaye était, pour le peuple, un lieu tout miraculeux. On croyait aux sermens de l'homme qui tenait de ses mains l'anneau de la porte de l'église, et on était persuadé que s'il était parjure, saint Germain l'accablerait de maladies dégoûtantes. Tout ce que l'on déposait sur le tombeau du saint, contractait des qualités surnaturelles et participait aux effets miraculeux des reliques. On allait même jusqu'à attribuer au pain des moines la faculté de guérir les maladies, parce que le nom du saint y était imprimé. L'abbé portait la mitre et la crosse comme les évêques; il s'était soustrait à la juridiction de l'évêque d'Auxerre, et ne reconnaissait pour son supérieur que l'archevêque de Sens. Une école florissante s'était formée dans ce monastère, et la première noblesse du royaume se faisait honneur de l'éducation qu'elle y recevait. En 1399, lorsque les Anglais se rendirent maîtres de la ville, les deux frontaux de la châsse de St-Ger-

main suffiront pour sauver la ville.
Ce fut cependant sans miracle. Les
frontaux étaient d'un si haut prix,
que les Anglais les acceptèrent comme
garantie de la somme par laquelle
la ville se rachetait du pillage. Le
pape Urbain V, qui avait été abbé de
St-Germain, les fit rendre à l'église
quelques années après.

De toute cette magnificence, il
ne reste plus que des ruines. Je ne
pus me défendre d'un sentiment de
mélancolie, en voyant les bâtimens
du monastère déserts, la moitié de
l'église abattue, le reste encombré de
débris et ouvert aux vents et à la
pluie ; les cryptes vides, et un tronc
attaché à l'entrée, avec un écriteau
qui invitait les fidelles à contribuer
à la réparation de l'église. Les Huguenots s'étaient contentés, en 1567,
de piller l'église et l'abbaye ; mais les
révolutionnaires ont tout renversé : les

moines ont été dispersés, la dévotion et les miracles ont disparu avec eux, et on ne peut même plus mettre à l'abri des injures du temps, le reste de ce temple qui brillait autrefois par ses trésors ! Toute la partie antérieure de l'église a été rasée ; il ne reste plus que la moitié de la nef et le chœur, comme pour attester que c'est là que se pressaient autrefois, en foule, des pélerins de tous les rangs et de tous les âges, autour du tombeau souterrain de l'évêque d'Auxerre.

Située sur une petite éminence auprès de l'Yonne, cette ancienne abbaye termine la perspective dont on jouit sur le pont. C'est le plus beau point de vue de la ville. On suit le cours de la rivière : sur la rive gauche se prolonge un quai très-large, bordé de belles maisons derrière lesquelles se présente la partie supérieure de la ville, avec la cathédrale et l'église de St-Pierre. Au bout du quai on remarque le clocher de l'abbaye et le reste de l'église de St-Germain. La rive droite offre des prés et des chantiers de bois pour les trains que l'on fait flotter par l'Yonne dans la Seine.

Si l'on jugeait de la ville par la beauté de ce quai, on se tromperait; car dans l'intérieur on ne trouve presque que des rues étroites et montueuses, des maisons vieilles et mal bâties, et des places désertes. Les vignerons et les tonneliers forment une grande partie de la population qui se monte à douze mille ames. Un des meilleurs édifices de la ville c'est l'hôtel de la préfecture, qui était autrefois l'évêché, et qui touche à la cathédrale. Auxerre a quelques antiquités que M. Millin a indiquées avec soin dans le premier volume de son

Voyage. Le boulevart qui entoure la ville aboutit des deux côtés à la rivière.

En descendant de voiture, dans la cour du bureau des diligences, nous nous vîmes subitement entourés de cinq ou six servantes. Messieurs, dit l'une, venez dîner à l'auberge *du Léopard*, vous y serez très-bien. Messieurs, dit la seconde, venez avec moi à l'*Hôtel de Beaune*, vous serez parfaitement contens. La troisième, en nommant et vantant un autre hôtel, renchérissait encore sur les deux autres. La quatrième trouvait de nouvelles expressions, qui mettaient son hôtel au-dessus de tous les autres, et la cinquième surpassait les précédentes. Quand elles eurent eu chacune leur tour, la première recommença, les autres l'imitèrent, et répétèrent, l'une après l'autre, l'éloge du dîner de leur auberge.

Hercule n'était pas plus embarrassé, entre le Vice et la Vertu, que nous ne l'étions entre toutes ces belles promesses. Ce fut la beauté qui l'emporta. Tous les voyageurs se rangèrent spontanément du côté de la plus jolie des sollicitouses, au grand dépit des autres qui cherchèrent encore à entraîner ceux qui restaient un peu en arrière; mais la première, semblable à une bonne bergère, eut soin de les écarter de son troupeau, et parvint à le conduire tout entier à l'auberge *du Léopard.* Je conseille aux autres hôtels, s'ils veulent avoir beaucoup de voyageurs, de tâcher d'avoir des servantes encore plus jolies que celle du Léopard; l'empire de la beauté est partout le même.

La route d'Auxerre à Joigny, suit l'Yonne qui traverse de belles prairies. On passe cette rivière, à Joigny, sur un beau pont, d'où l'on a la vue sur un petit port qui fait un très-bon effet avec les quais qui le bordent. Les casernes que l'on voit au-delà de la rivière, avant d'entrer dans la ville, éclipsent tous les autres édifices.

Sens, l'ancienne métropole d'une province gauloise et la capitale des Sénonais, n'est plus qu'une sous-préfecture du département de l'Yonne. Accon, général de ce peuple, ayant voulu, en vain, défendre la liberté des Gaulois contre César, eut le malheur de tomber dans les mains des Romains, et de payer de sa tête la hardiesse de son entreprise. Il y avait, dans la ville de Sens, un grand temple payen qui, dans la suite, fit place à trois petites églises, réunies depuis dans une seule cathédrale, que l'on changea, au commencement de la révolution, en *Temple de la Raison.* Cet édifice est un des plus grands monumens gothiques qu'il y ait en France ; mais ayant été construit et réparé à diverses reprises, il n'offre pas cette unité d'architecture que l'on remarque aux autres cathédrales. Cependant les vitraux méritent les plus grands éloges. Les architectes de ces beaux monumens qui excitent depuis huit à dix siècles l'admiration et l'étonnement, sont pour la plupart inconnus. Les chroniques marquaient soigneusement les noms de ceux qui en faisaient les frais ; mais ils oubliaient de nommer les hommes habiles qui dressaient le plan de ces chefs-d'œuvre ou qui les exécutaient. Il paraît que les Italiens excellaient dans ce genre de construction, et qu'on faisait souvent venir de l'Italie, des architectes ou entrepreneurs avec des maçons pour construire une cathédrale. Après avoir fait le marché, on abandonnait le reste à l'architecte, et on lui accordait une sorte de juridiction sur tous les ouvriers qui, étant en grande partie étrangers, ne pouvaient être jugés par l'autorité du pays. L'architecte ou maître maçon, était donc quelquefois obligé de tenir des séances pour juger les différents de ses ouvriers, ou pour convenir avec eux des dispositions qu'il jugeait à propos de prendre. Parmi ces ouvriers, il y en avait qui, par leur habileté, jouissaient d'une certaine autorité, et avaient des grades de plus que les autres. Voilà, probablement, l'origine de la franc-maçonnerie, que l'on a voulu ramener au temps de Salomon.

La tour de pierre et la lanterne, ainsi que divers embellissemens de l'intérieur, ont été faits par un artiste de Troyes, nommé Godinet.

Les mausolées dont la cathédrale de Sens était autrefois décorée, ont été brisés pendant la révolution : il ne reste plus que celui du Dauphin, père de Louis XVI; mais ce monument, sculpté par Costou, est maintenant déposé dans une petite chapelle. On ne trouve plus la chaire du haut de laquelle saint Bernard avait fait censurer Abeilard, dans un des nombreux conciles tenus dans cette église. La sonnerie de Sens, autrefois si célèbre en France, a été convertie en sous. Une cloche de cette sonnerie, nommée Marie, a eu des aventures vraiment singulières. Ayant été sonnée en 613, par ordre de saint Loup, elle épouvanta et mit en fuite les troupes de Clotaire, roi de Soissons, qui assiégeaient Sens, et qui, probablement, n'avaient pas encore entendu le son d'une cloche. Clotaire revint cependant devant la ville, et s'en étant emparé, il fit démonter la cloche Marie, et l'emporta. Elle resta quelque temps au palais du roi, à Paris, et fut ensuite renvoyée à Sens, où elle reprit son service : elle fut refondue plusieurs fois ; mais en septembre 1792, étant sonnée pour l'assemblée des électeurs, elle se fêla, et fut envoyée, avec sept de ses compagnes, à l'hôtel des Monnaies, à Paris; d'où ses débris se sont dispersés dans le monde.

Sens a cependant conservé ses deux bourdons ; ils pèsent ensemble environ soixante milliers, et portent les noms de Savinien et Potentien, deux saints qui ont prêché l'Evangile aux Sénonais.

Il y a, dans une chapelle de l'église, une ancienne image de la Vierge, à laquelle le peuple attribue une foule de miracles. Le trésor de la cathédrale renferme encore quelques pièces curieuses, telles que l'anneau et le peigne de saint Loup, la chasuble de saint Thomas de Cantorbery, et une boîte en ivoire, couverte de sculptures, dont tous les sujets sont tirés de la Bible.

Le portail de l'église n'est ni beau ni remarquable. Au haut de la lanterne de la tour, il y avait anciennement une statue de Jésus-Christ, de grandeur colossale; comme elle fut endommagée en 1774, par la foudre, il y eut un procès entre le chapitre de la cathédrale et la ville, parce que chacune des deux parties prétendait que l'autre était obligée de faire descendre et réparer le Sauveur.

Au-dessous de l'ancienne église de St-Savinien, devenue une propriété particulière, on trouve la crypte où les premiers chrétiens faisaient leurs prières devant les reliques de ce saint. Il y avait aussi, anciennement, trois cryptes au-dessous de la cathédrale : c'étaient des monumens du temps où le christianisme n'était encore pratiqué qu'en secret.

Sens a un musée et une bibliothèque ; parmi ses fabriques, il y en a d'assez florissantes, sur-tout la fabrique de colle-forte. Les environs de la ville produisent beaucoup de fruits; la grande route, entre Sens et Melun, est même, en grande partie, bordée d'arbres fruitiers : comme j'y passai en automne, je vis, des deux côtés du grand chemin, la terre toute couverte de fruits que les paysans ramassaient dans leurs paniers. Je me rappelai cette exclamation touchante de Gessner : « Arbres bienfaisans, qui nous donniez libéralement vos fruits mûrs et qui prêtiez la fraîcheur de votre ombre aux bergers et aux troupeaux, vous allez vous reposer pendant l'hiver.

Ah ! qu'aucun de nous ne se livre au repos du tombeau, sans avoir porté aussi de doux fruits, et répandu sur les malheureux une ombre protectrice ! »

FIN.

TABLE
DES CHAPITRES.

Chapitre premier. *Troyes.* Pag. 1

Départ de Paris. — Nogent-sur-Seine. — Château de la Chapelle. — Emplacement du Paraclet. — Fondation de ce monastère. — Héloïse et Abeilard. — Etat de cette maison au commencement de la révolution. — Ponts. — Plaine où Attila paraît avoir perdu une grande bataille. — Troyes. — Maisons uniformes. — Ancien état florissant de cette ville. — Almanachs et contes imprimés à Troyes. — Blanc de Troyes. — Tisseranderie. — Canaux. — Maladies de la classe ouvrière. — Caractère des Troyens. — Eglises gothiques. — Cathédrale. — Évêché. — Ancien Usage. — Eglise de St-Urbain. — Le pape Urbain, né à Troyes. — Eglise de St-Jean. — Hôtel-de-ville. — Grosley, né à Troyes.

— Porte St-Jacques. — Boucheries. — Phénomène. — Ancien Usage des Bouchers. — Promenades. — Aubergistes. — Bar-sur-Aube. — Le paysan d'Arréville. — Usage des Laves. — Chaumont. — Rivalité de Chaumont et de Langres. — Anecdote.

Chapitre II. *Langres.*   Page 66

Vue du haut des clochers de la Cathédrale. — Souvenirs historiques. — Sort de Langres. — Ravages des Huns et des Sarrazins. — Eglise de St-Mammès. — Statue du Saint. — Statue du Christ. — Collège. — Coutellerie de Langres. — Imprimerie et inventions de M. Laurent Bournot. — Monument funèbre, sculpté par M. Bertrand. — Travaux agricoles de M. Douette-Richardot. — Promenades de Langres. — Vieux murs avec des Antiquités. — Hospices. — Singulier Testament d'un ancien militaire. — Provincialismes.

Chapitre III. *Vesoul.*   Page 107

La Roche-Noire. — Pont-sur-Saône. — La Motte de Vesoul. — Vesoul. — Le Drugeon.

— Prairies. — Bestiaux. — Marché. — Jardin de M. Réal. — Chaudane. — Besançon. — Gorge entre les montagnes. — Ornans. — Puits de la Brême. — Pontarlier. — Prône. — Mont-d'Or. — Fromageries. — Usage grossier. — Fontaine ronde. — Château de Joux.

CHAPITRE IV. *Val-Travers.*   *Page* 132.

Fontaines sur la route. — Les Verrières. — Descente au Val-Travers. — Chaine de fer. — Source de la Reuse. — St-Sulpice. — Motiers. — Maison de J. J. Rousseau. — Anecdotes. — Prison de Motiers. — Chambre de Justice singulière. — Village de Travers. — Situation pittoresque des Maisons. — Provincialismes. — Noiret. — Rochers dégradés. — Brot. — Le Creux du Vent. — Abyme de la Reuse. — Anecdote. — Vue du Lac de Neufchâtel.

CHAPITRE V. *Neufchâtel.*   *Page* 163.

Jolie position de la ville. — Eglise du Château. — Hôtel-de-ville. — Hospice. —

13.

Sarcasmes de J. J. Rousseau. — Exagération de Coxe. — Gouvernement. — Maisons. — Bureau de Postes. — Promenade sur le Lac. — Pêche. — Grand jour de Pénitence. — Service divin. — Départ de Neufchâtel. — Route taillée dans le rocher. — Belle vue. — L'Aubergiste systématique. — Ordonnance sur les fours. — Vallée de la Chaux. — Locle. — Militaires parés au milieu des bois. — Village de Brenets. — Maison d'un batelier. — Habileté de sa famille. — Le pauvre vitrier. — Navigation sur le Doubs. — Saut de cette rivière. — Vallée et Village de Morteau.

CHAPITRE VI. *Besançon.* *Page* 212.

Noms anciens. — Citadelle. — Anecdote d'un capucin. — Chaudane. — Charmont. — Rue St-Paul. — Chamars. — Palais de Granvelle. — Cathédrale. — Archevêché. — Porte Noire et Arc de triomphe. — Eglise St-Pierre. — Hôtel-de-ville. — Ste-Madeleine. — Lycée. — Bibliothèque. — Salle de Spectacle. — Hôtel de la Préfecture. — Casernes. — Hôpital de St-Jacques. — La sœur Marthe. — Aqueduc. — La Porte taillée. — Canal Napoléon. — Dôle. — Prise de la ville, par Louis XIV. — Mandarin Chinois, natif de Dôle. — Auxonne.

Chapitre VII. *Dijon.*   Page. 244.

Origine de la ville. — Charles, Duc de Bourgogne. — Anciennes sources diminuées. — Palais des Ducs. — Musée. — Rues. — Lycée. — Eglise de St-Benigne. — Richesse de l'ancienne Abbaye. — Magnificence de l'Eglise abbatiale. — Bibliothèques. — Notre-Dame et St-Michel. — Ecole de Droit. — Spectacle. — Le Voyageur calembouriste. — La Redoute. — Le Vicaire, Anecdote gasconne. — Promenades, l'Arquebuse et le Parc. — Mont-Auxois. — Alesia. — Semur. — Avallon. — Les Marchands de vin. — Anecdote du Clos Vougeot. — Auxerre. — Tombeau de saint Germain. — Abbaye de ce nom. — Eglise ruinée — Les ser-

292 TABLE DES CHAPITRES.
vantes solliciteuses. — Joigny. — Sens.
— Cathédrale. — Opinion sur l'origine
de la Francmaçonnerie. — La Cloche Marie. — Trésor. — Crypte de St-Savinien.
— Route de Sens à Melun.

FIN DE LA TABLE DES CHAPITRES.

www.ingramcontent.com/pod-product-compliance
Lightning Source LLC
Chambersburg PA
CBHW071142160426
43196CB00011B/1985